100 dias em : PARIS

Tania Carvalho

MEMÓRIA VISUAL

ímã

Editores
Camila Perlingeiro
Julio Silveira

Revisão
Clarice Cintra

Capa, projeto gráfico e diagramação
Adriana Cataldo e Priscila Andrade
Zellig | www.zellig.com.br

Fotos
Tania Carvalho e Marcus Soares

Fotos capa
Dreamstime

Impressão e acabamento
Arvato

CIP-BRASIL. CATALOGAÇÃO NA PUBLICAÇÃO
SINDICATO NACIONAL DOS EDITORES DE LIVROS, RJ

C329c
Carvalho, Tania

100 dias em Paris / Tania Carvalho. - 1. ed. - Rio de Janeiro : Memória Visual, Imã Editorial, 2013.
160 p. : il. ; 21 cm.

Roteiro
ISBN 978-85-89617-60-4

1. Descrições e viagens - Crônica. 2. Crônica brasileira. I. Título.

13-05893 CDD: 869.98
CDU: 821.134.3(81)-8

MEMÓRIA VISUAL

Rua São Clemente 300 – Botafogo – 22260-004
Rio de Janeiro – RJ – Tel.: 21-2537-8786
editora@memoriavisual.com.br | www.memoriavisual.com.br
www.twitter.com/memoriavisual
www.facebook.com/memoriavisual

ímã

Ímã Editorial | Livros de Criação
Rua Teotonio Regadas, 26 sala 602 – Lapa– 20021-360
Rio de Janeiro – RJ
loja@imaeditorial.com | www.imaeditorial.com

Dedicado a minha filha Isabel e a meu irmão Lula pelo orgulho que sentem de mim, o que me impulsiona sempre e mais. E a todos que, como eles e eu, amam Paris.

AGRADECIMENTOS

Para todos os amigos e amigas que me deram a maior força nestes 100 dias em Paris;
Para Maria Ignez França e Valéria Schilling, em especial, que ouviram as minhas preocupações e me ajudaram a solucioná-las durante três anos;
Para Thiago Barroncas e Vânia de Mello, parceiros desde o primeiro minuto;
Para Carla Edel e Marisa Prado, que me deram força em todos os momentos;
Para Wagner de Assis, que acreditou mais em mim do que eu mesma;
Para Lúcia Helena Ramos, que criou a marca perfeita do site e do Facebook;
Para Ana Beatriz Faulhaber e Fabiana Faulhaber, pela imensa força e ajuda em todos os momentos;
Para Bia Radunsky, que sempre me disse que eu devia escrever crônicas bem-humoradas;
Para Deborah Berman, que sabe tudo sobre os restaurantes de Paris;
Para Marcus Soares, pelas lindas fotos que me deixou compartilhar neste livro;
Para Rubens Ewald Filho, Hubert Alquéres, Caloca Fernandes, Christiane Costa e Júlio Silveira, as primeiras pessoas que acreditaram que eu podia escrever livros;
Para ID*Bag, Axent, Estúdio PV, Cinética Filmes , CP-4, Coris e Cotação, parceiros desta jornada.
Para os amigos virtuais e reais que me acompanharam durante toda a viagem e
Para todos que participaram do esforço coletivo para publicar este livro.

Este livro foi produzido em Edição Social pelo projeto MOTOR, pela força de seus apoiadores

Adriana Pessoa
Aida Leiner
Airle Teixeira Pendiuk
Alcides Nogueira Pinto
Alessandra Dobler
Alexandre Teixeira
Aline Fromange
Amanda Dias
Ana Beatriz B. Maia
Ana Maria dos Santos Monteiro
Ana Maria Ramalho
Arnaldo Peixoto
Beatriz Helena Bomfim de Souza Lobo
Beatriz L. R. Lima
Beatriz Radunsky
Beatriz Rosenberg
Bia Rique
Caloca Fernandes
Camila Perlingeiro
Carla Edel
Carlos Colonnese
Carlos Eugenio M de Figueiredo
Carlos Luciano de Campos Carlos
Carmen T. F. B. Bastos
Caroline Alvernaz Hallack
Cecilia Cavalcanti
Celia Marques
Celia Regina Bocci da Silva
Cely Moraes Bianchi
Cirleia Viana Lourenço
Claudia Santos
Claudio Castro
Cláudia Inez Marques
Cleibe Ferreira
Cristina Caetano
Cristina M. C. Correa
Cristine V. S. Palma
Daniel Penarrieta Messias
Debora Roland
Deborah Berman
Delio Brandão
Denise Carvalho
Edilson Botelho
Eliane Rocha Carvalho
Elisa Formigoni Santos
Elisabete Vieira
Elizabeth Netto Almeida
Elton José Mello
Emilia Cunha de Oliveira Melo Franco
Erika Barreto
Erika Thoen
Evelyn Rocha
Fabio Bernardino
Felipe de Lima Cunha
Fernando Vieira
Flavia Duarte Braga
Flávia Bayma
Gabriel Gomes
Geraldo Garcia
Geraldo Rêgo Monteiro
Gisele Veiga de Vellasco
Graca Maria de Sandes Peixoto Lima
Grace Carreira
Haydee Adib
Helena Maria Andrade do Nascimento
Helena Maria Mello
Helena Souza
Helena Varela Lopes
Heloisa Mello
Herse Monteiro Filho
Icleia Costa
Isabel Gomes
Jacqueline Leal
João Victorino Ferreira
Joice Nascimento
Jose Leonardo Meira
Julia Laks
Julia Rodrigues
Julia Sampaio
Julia Torres
Juliana G Moura
Lais Pimentel
Lamia Oualalou
Leila Zambrano
Leticia Sorg
Léa Penteado
Liana Campos Olivieir
Ligia Ferreira
Lilia Wagner
Lilian de Melo Batista
Lilian Stirling
Liliane Porto
Lívia Maria de Hollanda Cavalcanti
Lucia F B Leonardo
Lucia Muniz de Souza
Lucia Seixas Catto
Luciana Bittencourt Fevorini
Luciana Santos
Luciana Vasconcellos
Luciano Freitas
Luisane Maria Falci Vieira
Luiz C de C e Silva
Lygia Marina Pires de Moraes
Lygia Salete Dornelles Rosa
Marcela Cerqueira de Souza

Marcelo Cebrian
Marcia Clark
Marcia de Meneses Freire
Marcia Martins
Marcia Real
Marcia Rosa Rocha
Marcos Soares
Marcus Silva
Mari Isabel G. Assaf
Maria Alice Assaf
Maria Amélia Leal
Maria Aparecida Aguiar Soares
Maria Cecilia Mallet Braga
Maria Celia Rodriguez Larreta Pessôa
Maria Clara de Faria Fernandes
Maria Cristina de Faria
Maria Cristina Duarte de Souza
Maria do Amparo Ferreira Romualdo
Maria do Carmo Saldanha
Maria Elisa Pinho
Maria Eugênia de Medeiros
Maria F. L. Mafra
Maria Helena Marçal de Souza
Maria Helena Ranghetti
Maria Ignez França
Maria José Gomes Saraiva
Maria Lucia Caminha da Costa e Silva
Maria Luiza Alves
Maria Luiza Ferraz
Maria Luiza P Lopes
Maria Silvia Holloway
Maria Stella Credidio
Maria Teresa Valente Teixeira
Maria Xenia de Abreu Pessoa
Marilena Reginato de Moraes Souza
Marilene Freitas de Andrade
Marisa Prado
Marta Souza
Mauricio Caetano
Mauricio Caetano da Silva
Mauricio P. M. Araujo
Márcia Nogueira Piemonte
Michelly Bessa Castanheira
Mila Pereira
Monica Torres Calligaris
Neusa R. Trindade
Noemia F B de Holanda
Oswaldo Luiz Abud Giannini
Oswaldo Luiz de Mello Bonfanti
Patricia Carvalho
Paulo Carneiro
Paulo L. Gomes
Paulo Silva
Rafaela Moutropoulos
Regiane Andrade
Rejan Guedes
Rejane Maurell Lobo Teles da Cruz
Renata Couto Silva
Rita de Cassia Alvarenga Guimaraes
Roberto Bueno Paiva
Roberto Inama
Roni Filgueiras
Rosa Maria Leal Freitas
Rubens A. E. Filho
Sandra Alvim
Sandra Geronazzo
Sandra Góes Ramos
Sandra Lourenco Gomes
Sonia Barbosa Viana
Sonia Fuchsloch
Sonia Glatt
Sonia Pinho Gomes
Soraia Costa de Melo
Sueli dos Santos Pereira
Suema de O. Souza
Susana Arbex
Talita Christian Fagundes
Tania Barthel
Tania Carmen Ziert Baiao
Tania M. O. Ribeiro
Tania Marques Mariné
Tania Maurity
Tania Penido Sampaio
Tatiana Marcellini Gherardi
Telma Aleixo Malta
Telma Ferreira
Thais Zecchin
Thiago Barroncas
Valeria Andrade
Valeria Schilling
Vania De Mello
Vânia Lúcia Rosa Faust
Vera Helena Pereira da Silva Braga
Vera Schmitz
Veronica Silvana Gutierrez de Leon
Veruska Olivieri Ramos
Virginia Vairo Braile
Viviane Japiassú Viana
Viviane V. Menescal
Wagner Assis
Waldyr Abdo Abifadel
Zamali Dória

MOTOR

SUMÁRIO

NÃO TENHO A PRETENSÃO de fazer um guia, muitos já fizeram "bem mais e melhor do que você" — salve Chico Buarque! Nem um livro de autoajuda para viajantes solitários. Neste livro ninguém vai encontrar dicas de lojas que vendem perfumes. Por quê? Porque eu não uso perfumes e sou alérgica a eles. Vinhos? Tampouco, sou daquelas que bebe dois goles para ser educada e quando chega no restaurante nem olha a carta e pede logo "une carafe d'eau", água natural, que é de graça e refresca a boca. Pareceu antipatia? Não é não. Simplesmente minha intenção é contar o que vivi em 100 dias em Paris, aos 60 anos, morando em uma cidade estranha e me "perdendo para me achar" — o mote principal desta trajetória. Este *100 dias em Paris*, digamos, assim é um inventário de sensações. Para muitos, o que digo pode ser óbvio. Para outros, novidade. E, ainda, como pode ser útil para alguns, dou conta do que vi e *conto*. Durante esta jornada, que podia ser somente uma viagem, mas se tornou algo bem maior, resolvi dividir a experiência com outras pessoas através de um site e de uma página no Facebook. A repercussão foi maravilhosa, tive fiéis curtidores, meus posts foram vistos por milhares de pessoas diariamente, o que para mim foi um espanto e uma felicidade. Os comentários sempre foram deliciosos e fiquei com a sensação de ter feito milhares de amigos. E foram eles que me incentivaram a transformar a experiência em livro. O que seria simplesmente um e-book feito por mim mesma se ampliou com a chegada da Ímã Editorial. E aqui estou eu. O livro é uma versão ampliada e revista do que postei no dia a dia. Não é mais blog, virou livro: cresceu, ganhou maturidade, os verbos foram para o seu tempo certo, sumiram os "hoje" e os "aqui" e as emoções tornaram-se mais perenes, não tão passageiras. O humor, no entanto, permaneceu, às vezes mesclado com pequenos banzos. É a vida, não é mesmo? Espero que *100 dias em Paris* proporcione o mesmo prazer para seus leitores que senti ao viver as experiências, e que inspire outros a viver a aventura que desejam. Afinal, nunca se é tão velho que não possa sonhar e realizar os próprios desejos.

Quartier Latin,
UM SOFÁ E A PRIMEIRA VEZ

Aqui em Paris, faz frio hibernal em uma época que a temperatura devia estar primaveril. E os franceses não têm outro assunto, sonham com o sol tanto quanto eu sonho em usar casacão só para variar.

DIZEM QUE NINGUÉM se esquece da primeira vez. Eu mesma sou capaz de lembrar com detalhes o que aconteceu há muitas décadas: o espanto, a surpresa, o deslumbramento, a alegria e o prazer. Dor alguma. E como seria possível sentir dor diante de uma experiência tão importante na vida? O momento de transformação, do antes e do depois, do que ficou para trás e do que virá pela frente. Antes que a sua mente seja totalmente consumida por imagens inadequadas, garanto que mais importante do que a tradicional "primeira vez", da qual tenho uma lembrança difusa de pernas embaralhadas, minha experiência mais transformadora foi a primeira vez que vi Paris. Eu estava, finalmente, na cidade dos meus sonhos e disso me lembro em detalhes.

Minha mãe Amaryllis foi criada na cultura francesa. Nascida no início do século passado, no Piauí, conhecia a obra de Guy de Maupassant. Eu, que nasci em 1953, também no século passado, sou da geração calça Lee, cinema americano e Coca-Cola. Aos sete anos de idade, achava o máximo morar nos ESTADOS UNIDOS do Brasil (era assim que se chamava até 1967), como se isso me colocasse mais perto do Olimpo. Graças a Deus fui resgatada pelos livros, pelo cinema, pela cultura em geral e pelas inúmeras pessoas com que cruzei na minha vida, dentre elas, a mais importante, o meu professor de francês, Danilo, que me mostrou Rimbaud, Verlaine e me ensinou os primeiros rudimentos da língua que me emociona até hoje por sua beleza. Eu era completamente apaixonada por ele aos 11 anos de idade. Paris, quem sabe, seria a cidade que nos uniria para sempre. Meu príncipe amazonense (ele tinha cabelos longos, lisos e negros) pediria minha mão às margens do Rio Sena; nos casaríamos na Notre Dame e teríamos filhinhos que se chamariam Gilles, Luc, Marc, Isabelle, Martine. Um dia ele foi embora para a Cidade-Luz. Sem mim. Chorei desesperadamente no banheiro. Recomposta, disse aos meus pais, que era tristeza por causa da morte da mãe do Bambi, filme que acabara de assistir — e, pior, eles acreditaram.

Passei anos sonhando dormindo e acordada com Paris. Em 1973, trabalhava na revista *Manchete* e tive a oportunidade de fazer uma grande reportagem na Amazônia, que me rendeu o primeiro e único prêmio da minha carreira de jornalista, o Rondon — além do troféu, 1.500 dólares. Eu já planejara tudo: sabia que ia ganhar o prêmio, porque *Manchete* era a revista mais importante do Brasil, e já decidira meses antes: destino Paris. Tinha acabado de me inscrever no prêmio e quase arrumava as malas, para surpresa de todos. Ganhei e lá fui eu, meses depois, sozinha e com o dinheiro no bolso. O momento em que meus olhos viram Paris foi uma sensação mágica. Tudo era maior, mais bonito e mais dourado do que imaginava. O sonho se tornou realidade e sem príncipe encantado, que nesta hora nem mais importava. Acho que esta é função dos príncipes: somente nos fazer sonhar.

Viajei no dia 1º de janeiro de 1975 e meus amigos, de ressaca, foram ao aeroporto dar tchauzinho, bem umas dez pessoas. Naquela época, era comum os amigos irem ao aeroporto. Não era tão comum assim, porém, viajar para a Europa, merecia uma comemoração. Todos me alertaram: em Paris fazia um frio que jamais haveria sentido ou imaginado. E debaixo do calorão de 40 graus no Rio lá fui eu de casacão emprestado de pele falsa, saia longa de lã, botas também doadas pela amiga abnegada, ML, que tinha sido comissária de bordo. Imagine o calor que senti no avião. Vou poupá-lo dos detalhes desta viagem, das outras cidades que visitei. Só falta agora eu querer mostrar slides... E quem sabe o que são slides hoje em dia? Vou me concentrar no deslumbramento que foi ver Paris. Fiquei em um hotel bem pequeno na Rue des Ècoles, em um quarto sem banheiro, no último andar, com o teto tão tortinho que todas as vezes que levantava do meu leito mínimo, batia com a cabeça. Mas achei lindo! Romântico! Criativo!

Na rua seguinte ao hotel (como se chamava?) morava minha amiga RFA, companheira da *Manchete*, que largara tudo para ir mo-

rar em Paris. Minha ídola, claro. Com ela comi *sole* (o linguado nosso) e reclamei da falta de *sauce* (quem não sabe pedir, come mal, claro, e sem molho); tomei golinhos de vinho em seu apartamento — daqueles bem pequenininhos e também cheios de charme que só Paris tem. Minha grande aventura, porém, junto com RFA foi comprar um sofá. Até aí tudo bem, ela escolheu, pagou e *voilà*, tinha um lugar para dormir. E como levar para casa? Bom, foi aí que começou a odisseia: amarramos o sofá no teto do seu carro e circulamos por meia Paris com um medo danado de aquele sofá sair voando. Eu, preocupadíssima, porque haveria alguém para fazer um muxoxo e dizer: *oui, ce sont des bresiliènnes*, seguido de pelo menos dez bufadas. Vencemos a batalha, mas a guerra não estava ganha. Como levar o sofá para o quarto andar por uma escada onde seguramente Robespierre tinha subido, e de lado? Demoramos horas, empurra daqui, chuta de lá, xinga de acolá, mas conseguimos. E esta minha primeira vez em Paris, que me deslumbrou, se confunde também com a primeira vez que ri sem parar por horas, senti as agruras e a alegria de quem morava por lá e fui feliz como nunca. *La vie en rose*! Culpa de Paris, da Rosa e do sofá.

A partir daí Paris esteve sempre na minha vida. E sempre me fez feliz. Como trabalho até hoje com um único fim, que é viajar, perdi a conta do número de vezes que voltei lá e andei na beira do Sena. Mas alguma coisa faltava.

— Você vai para Paris?

— Vou, é minha primeira vez.

— Que inveja que tenho de você, queria poder ver Paris pela primeira vez outra vez.

Este diálogo aconteceu muitas vezes, não é de todo imaginário. Verdade, eu sentia saudades da emoção da primeira vez. Um dia, andando pelas ruas de Roma, quando o hotel me expulsou às 12h e o avião só sairia às 23h, pensei: "não quero mais isso, quero viver em uma cidade, ter um cotidiano, uma casa para voltar". Para onde eu iria? Paris é claro. Esta seria a oportunidade de ver Paris com outros olhos, não mais como a turista que em apenas um dia quer ir ao Louvre, fazer compras, comer *croissant, tarte tatin, île flotante* e tomar chá no Marriage Frères. E voltar a todos os outros lugares que ama. Paris tem isso e é engraçado, cada vez que alguém vai, quer percorrer caminhos dantes percorridos, como a perpetuar mais ainda as emoções. Eu queria, porém, descobrir novas trajetórias muito além das conhecidas.

Assim surgiu *100 dias em Paris*, projeto de vida que demorou três anos do primeiro lampejo à chegada em Paris. Era preciso juntar dinheiro, alugar apartamento, organizar a vida profissional para poder ficar fora tanto tempo e, ainda, por mais bizarro que pareça, ter a coragem suficiente para viver um tempo sozinha em uma cidade, mesmo que conhecida por um lado, completamente estranha pelo outro e com aquela gente que bufa, come linguiça de intestino de porco, caracol e fala uma língua estranha.

Na mente e no coração havia outra promessa: comemorar meus 60 anos em grande estilo. Afinal, o que não havia feito na adolescência, podia realizar agora, com situação financeira e profissional estáveis, filha criada e casada, nenhum marido para impedir. Pois bem, 38 anos depois virei vizinha de novo de RFA, que sempre está em Paris quando no Rio faz 40 graus. Eu aluguei um apartamento na Rue Gracieuse, no coração do 5 ème e ela mora algumas ruas depois. Combinamos de fazer a feira na Place Monge, bem na minha esquina ("a de domingo é a melhor" — me alertou), comer *sole* com molho, sermos amigas do *quartier*, mas espero e torço que ela não tenha decidido comprar novo sofá.

Bonjour, Paris!

Viagem, chegada e um novo mundo
PARA CHAMAR DE MEU

Aqui em Paris, poucos edifícios têm elevadores. Escolhi um com *ascenseur*. No dia da chegada, descobri que ele está quebrado. E assim ficou por um mês, coisa muito normal por aqui.

UM COMEÇO ESTRANHO: o voo chegou uma hora e quinze adiantado, na imigração não havia quase ninguém, o transfer que havia ganhado de presente da minha amiga ABF estava lá me esperando. Sábado de manhã cedo, tráfego zero, em meia hora estava na porta da minha casa: Rue Gracieuse, 8. E ninguém estava me esperando, claro. Eu devia estar naquele mesmo lugar por volta de 11 horas da manhã, eram 9 e meia, um frio de 2 graus e um pequeno desespero se apossou de mim. O que era estranho bom se tornou estranho ruim. Eu achava que o apartamento era naqueles prédios com porteira, e, se me desencontrasse dos proprietários, bateria a campainha da *concierge*, que bufaria, mas me deixaria esperar — eu presumia. E se calhasse, ela seria portuguesa, como a maioria das gardiènnes de Paris, e tudo estaria resolvido. Já sentia até o cheiro do bacalhau. Não era bem assim, na porta havia somente um código que desconhecia. A sorte é que após ter ligado para Isabelle, a proprietária, ela veio correndo. Mas 14 minutos em um frio desgraçado, depois de 10 horas de viagem, com duas malas pesadíssimas e uma pequena com o computador, também insuportavelmente chata de carregar, pareceram 14 horas. E eu não podia ficar andando para espantar o frio porque sou brasileira e não confio em ninguém no quesito mala. Vai que levam. E nem ficava bem ficar pulando na porta que nem um saci. Finalmente Isabelle e Gilles chegaram e me avisaram que — SURPRESA — o elevador estava quebrado. Alto, forte, Gilles pegou as duas malas como se fossem duas necessaires e subiu — SURPRESA — os cinco andares galhardamente.

E, finalmente, entrei na minha casa. No começo achei-a pequena, porém graciosa. Amei a cozinha vermelha, a enorme cama queen, a televisão LCD e a internet de alta velocidade. Agora, tudo se ajeitava. Em poucas horas esqueci completamente o seu tamanho — 27 metros quadrados. Ora, estava em Paris, no 5 ème, onde o metro quadrado consegue ser mais caro do que o do Leblon, no Rio de Janeiro, onde moro — 16.000 euros. Além disso, sempre achei que apartamentos grandes amplificam a solidão. Eu adoro apartamentos pequenos. Mi-

nha amiga AL diz que assim eu não espalho a bagunça por mais metros quadrados. Acho que ela tem razão, então 27 eram perfeitos. E ficou mais ainda quando conversei com algumas pessoas na lavanderia — um ótimo lugar para se fazer colegas no bairro — e descobri que por lá abundam apartamentos de 12 metros quadrados. Ou seja, estava em uma mansão e não sabia.

Apesar de ter ido bastante a Paris, sempre circulei pela mesma área; Jardim de Luxemburgo, Saint German, Carrefour de L' Odeon, Boulevard Saint Michel, Boulevard Saint German, Rue de Rennes e por aí. É claro, com idas ao Marais, ao outro lado do rio em geral e ao Champs Elysées. Resolvi sair da "zona de conforto" — êta clichezão! — e ficar no Quartier Latin, que conhecia da primeira vez em que estive em Paris e já contei esta história. Mas como isso foi no século passado, nem é para ser levado em conta. O que fiz logo no primeiro dia? Conhecer o *quartier*, como um animal reconhece terreno: dei dois passos para a direita, mas resolvi ir para a esquerda até a Place Monge, o ponto central da região. Lá fica o metrô e a feira às quartas, sextas e domingos. Mais um pouquinho cheguei na Moufettard, uma das ruas mais animadas de Paris; mais dois passos, à Mesquita e ao Jardim de Plantas. A memória, todos sabem, é traiçoeira, eu podia jurar que tudo isso era do lado da minha conhecida área. Não é tanto, só no mapa, que, por sinal, não sei ver. Olho e não entendo; viro de cabeça para baixo e continuo sem entender; dou uns passos em cima dele e nada resolve. Vai ver tudo fica mesmo do lado. O que fazer? Fui ao cinema, a maior zona de conforto possível. Já estava cansada de aventuras em um dia e, afinal, já me sentia quase parisiense. Na fila, fui abordada por dois franceses me perguntando informações. E eu respondi, o que é melhor ainda. Acho que passei no teste do visual, mas não tanto na prova da língua. Um me respondeu em inglês e o outro só olhou criticamente. Implicantes!

Em um dia, porém, eu já sabia algumas coisas, começava a me ambientar: ninguém andava com o celular na mão, nem na mesa do bar, nem falando. Muito estranho. E eu que pensava que ia saber da colonoscopia do meu vizinho de ônibus. No cinema ninguém falava, abria o celular, nem menos se mexia. Pipoca, nem pensar. Atenção total ao filme. Nas ruas, homens e mulheres elegantes. Chiquérrimos. E mais, descobrira que é mentira que francês não faz exercício e que é magro porque toma muita água. O que vi de corredor no Jardim de Plantas não dava nem para contar. Parecia o calçadão da praia do Leblon de manhã cedo. Tive certeza, ainda, de que se não estivesse interessada em fazer de cada refeição uma experiência gastronômica inesquecível, iria comer bem na maioria dos lugares — exceto naqueles que têm cardápio com fotos. Desses sempre fujo e fugirei.

Posso estar redondamente enganada nesta pseudosociologia, mas me encantou poder observar os nativos. Voltei para a Rue Gracieuse, subi os 80 degraus, e entendi porque os franceses usam uma expressão bem bonitinha para falar da própria casa: chez moi. *Je rentre chez moi* — eu volto para casa. Coloquei a chave na fechadura e tive certeza: estava em casa.

Banzo,

ICI E LÀ

Aqui em Paris, as pessoas sorriem pouco e nem sempre uma cara alegre é bem-vinda.

TUDO ACONTECEU em uma sexta-feira da paixão. Vai ver foi isso. Ou talvez por ter acordado cedo, o que detesto. Mas senti um certo banzo, uma sensação esquisitinha, um desconforto ligeiro, algo que não consegui definir. O sol estava lindo, mas a temperatura baixa e os ventos gélidos — como avisava a meteorologia francesa — me diziam que o melhor lugar para ficar era em casa mesmo, pelo menos nas próximas horas. Foi o frio? Na minha cabeça passaram vários questionamentos. Será que começo a ficar entediada? Não sou turista, mas não sou ainda uma moradora que enfrenta todos os dias o frio para ir trabalhar. Não sou turista, mas ainda quero andar, andar, andar e me achar mais do que me perder. Não sou turista, mas não sou parisiense. O que sou? Isso é ou não mais do que motivo para entediar um ser humano?

Fazer amigos em Paris não é fácil — isso eu já havia percebido. Os franceses não são especialmente afáveis e passei muitos dias conversando com motoristas de táxi, lojistas, com quem podia ter um diálogo mesmo que formal. Puxava assunto para treinar o francês e para fingir pelo menos que interagia com os habitantes da cidade. Sou dada por natureza, daquelas que irrita amigos mais tímidos ou mesmo a minha filha IG: "Você fala com todo o mundo, um dia vai levar um fora". Se vivi seis décadas desse jeito não vai ser agora que vou mudar. Mas em Paris, confesso, tive medo da famosa e alardeada cortada, que poderia vir a qualquer momento. Minha amiga LO, que é marroquina, mas morou anos em Paris, um dia me contou que estava andando pela rua com a filha, um bebê para lá de simpático, que acenava para todos, e foi interpelada por uma senhora que disse que ela devia cuidar melhor da criança para que ela parasse de falar com as pessoas na rua. E senti na pele, quando almoçava com um amigo, PP, e ríamos muito até uma senhora "magra e desagradável" — como ele bem definiu — dizer que estávamos atrapalhando a sua refeição e que ela estava até com dor de cabeça com nosso alarido. Ela estava incomodada com a nossa felicidade. Ouviu o que não queria do meu

amigo, que mora há 25 anos em Paris e sabe rebater como ninguém a uma bufada à francesa.

Nem mesmo na aula de dança, onde existe um contato físico bem próximo, a simpatia é norma. As pessoas que fazem dança latina — salsa, bachata, samba — são mais afetuosas. As que preferem o swing — a dança, *bien sûr* — não se mostram muito interessadas nos parceiros. Especialmente se eles são de outro lugar, *là bas*. Aliás, a linguagem é tudo, e francês gosta de afastar até mesmo nas expressões que usa — esta é mais uma observação pseudosociológica e linguística. Existe o *ici*, que é a mais perfeita tradução do aqui. Existem ainda o *là*, que é o nosso lá, e o *là bas*, que é bem longe, acolá. Mas os franceses nunca estão *ici*, mesmo que estejam na sua frente. *Je suis là*. Mas como, você está *ici*? Desisti de entender. Eu estou aqui, mas de fato estou lá, não me aborreça — parece ser esta a mensagem.

Tudo isso me causava uma sensação no estômago, uma tristeza, um pensamento sombrio de que talvez tivesse feito a escolha errada. O impressionante é que, como veio, o desconforto foi embora. Era passageiro: bastou sair na rua, comer um *macaron*, andar pelo Jardim de Luxemburgo para o banzo ir se esvaindo na paisagem. Decidido: se eles são casmurros, problema deles. Decidi: eu que sou de *là bas* vou aproveitar o que posso da cidade que considero tudo de bom. E que eles continuem *là*.

Quando entrei no metrô de volta para casa, algo mágico aconteceu: um homem em pé cantarolava uma música, bem baixinho, mas o sussurro me chamou atenção. Prestei bastante atenção, me concentrei e ouvi versos familiares: tristeza/por favor vá embora/ minha alma que chora. Levantei os olhos lentamente e vi um homem absolutamente deslumbrante, com um violão nas costas. Francês com certeza, o nariz grande denunciava. Ele se aproximou da porta, olhou para mim. Eu sorri. Ele sorriu também e saiu pela porta. Se fosse um filme, eu teria 30 anos a menos e nós estaríamos profundamente apaixonados. Na realidade foi um momento delicioso de cumplicidade. Ele sabia que eu tinha ouvido a música e gostado. Banzo modo *off* total. E sorriso já é quase o começo de uma amizade.

Volta e meia havia mais um pouquinho de banzo. Pouco, mas suficiente para me lembrar que nada é só alegria: nem mesmo 100 dias em Paris. Sempre, porém, nos dias frios, cinzentos e com chuva — coisa que carioca detesta. Com o sol, tudo se iluminava. Paris ensolarada muda completamente o modo de ser dos parisienses. Antes cabisbaixos, cheios de casacos e taciturnos, eles invadem os parques, usam bermudas e até arriscam um sorriso pálido quando os olhos cruzam com os outros seres felizes e aquecidos. Dá para entender, pois sofrem meses com as temperaturas baixas. O sol aparece em um dia e some no outro. Eu, por exemplo, não ousei engavetar totalmente as roupas de frio pelos 100 dias, mas comecei a ficar confiante diante da alegria dos meus companheiros parisienses quando um dia era de sol. Podia ser até que fizesse um amigo.

Não sei se um anjo torto disse amém, o sol esquentou mais ou certa miopia atacou transeuntes, mas fui "cantada" literalmente por um motorista de táxi. Bonitinho, jovem, menos de 40 anos — quase uma criança para mim — começou a conversa como sempre começam as conversas em Paris: falando do tempo. *La chaleur*, o calor, ocupou cinco minutos da conversa. Quando falei que até gostava do frio porque era brasileira, o assunto enveredou para a beleza das minhas compatriotas e o fato de eu parecer europeia. Até Gisele Bündchen, conhecida mundialmente, teve sua vez. Não sei bem como acabou na pergunta se eu era casada (coisa muito incomum porque francês não faz perguntas como essa para desconhecidos). Quando respondi que era separada, ele me garantiu que meu marido devia ser maluco porque como ele podia ter deixado uma mulher tão bonita. Ai, meu Deus, aonde vai dar esta prosa? E aí começou a falar na segunda pessoa. Ui, ficou íntimo. Todos sabem, mas não custa lembrar, que os franceses usam o *vous* (vós) para interagir com os outros. Para usar o tu é preciso intimidade e existe até um verbo para isso — *tutoyer* (*je tutoie/tu tutoies/il tutoie/nous tutoyons/vous tutoyez/ils tutoient*). Ou seja, como um monarca, o indivíduo concede ao outro o direito de chamá-lo de tu.

Voltando ao que interessa, a cantada, que tergiversei muito. Mais um quarteirão, ainda bem que perto da minha rua, ele se mostrou completamente estupefato quando falei que viver em Paris era meu presente de 60 anos. *NON*! Garantiu que não me dava mais de 45. Aí tive certeza que ele havia enlouquecido ou a miopia era galopante. Tudo finalizou com um convite para tomar um vinho, caso eu desse meu telefone para ele. Declinei gentilmente, agradeci os elogios e saí, uma quadra antes da minha casa, que sou carioca e desconfiada.

Uma coisa, porém tenho certeza: eu me senti quase uma Gisele. E esta sensação sempre será muito boa, especialmente porque, como afirmam muitos e a literatura corrobora, as mulheres depois de certa idade passam a ser invisíveis. O taxista podia estar querendo zoar com uma turista. Podia também estar pensando em descolar um lugar no Brasil por causa da Copa do Mundo. Ou, como resumiu minha amiga MIF, ele pode simplesmente ter realmente gostado, até porque o tempo foi curto para elaborar planos malévolos. Para mim, os motivos não importaram, porque o ego agradeceu veementemente esse sopro de visibilidade. E, afinal, simpatia é quase amor.

Ici sou feliz. E *là* também. Com sol ou chuva.

Mesquita, Hammam

E O PARAÍSO

Aqui em Paris, não dá para ter nojinhos. Na feira, os pães são expostos a céu aberto e o vendedor pega com a mão sem problema algum; as comidas prontas ficam ao ar livre e todo mundo compra na maior felicidade; manicure não esteriliza alicate e na sauna vale tudo. Mas verdade seja dita, os franceses não carregam mais a baguette debaixo do braço. Estão se americanizando, dizem os mais conservadores.

VOU LOGO AVISANDO: não gosto de alongamento; música de relaxamento é o caminho mais fácil para me enlouquecer e, em especial, não há nada que odeie mais do que massagem. Para mim, é como uma sessão de cutucadas insuportáveis, quase uma tortura. Mas como decidi que iria conhecer o que jamais havia visto, aproveitei a visita da minha amiga VS, que é uma fã ardorosa de tudo aquilo que descrevi acima, e tomei a corajosa decisão de ir ao hammam da Mesquita de Paris. O que significa hammam? Os famosos banhos turcos, conhecidos por nós como sauna a vapor. Existem vários na cidade e o mais famoso é o da Mesquita de Paris. Como morava ao lado, perfeito lugar. Lá fomos nós: entramos em uma sala, cheia de almofadas, onde havia ainda três camas e três massagistas entretidas no seu ofício. Seguimos, escolhemos o nosso *forfait*: eu paguei 43 euros para os banhos turcos, uma *gommage* (esfoliação) e uma massagem — a mais curta, de 10 minutos, isso eu aguentaria. A brava VS escolheu 20 minutos de massagem, além do restante, e para isso pagou 53 euros. O vestiário já propiciava um ataque de nojinho, úmido, escuro, um imenso corredor com armários e mulheres semivestidas. Nós duas nos esgueiramos pelo corredor polonês e, após muitos *pardon*, *excusez-moi*, chegamos a um lugar vago. Tiramos a roupa, colocamos um biquíni, embora muitas mulheres passassem faceiramente de calçola e sutiã.

Maiô a postos, saímos escorregando sem parar em um piso que parecida ensaboado (e era mesmo) até uma senhora nos avisar que era preciso pegar os chinelos em uma imensa cesta na porta. Em saquinhos plásticos? Claro que não. Eu juro que vi dois fungos conversando e dois ácaros namorando sob o olhar severo de muitas bactérias. VS me encorajava: entramos na masmorra, perdão, na sauna. Era preciso seguir o cerimonial: primeiro a sauna seca, depois a úmida e finalmente a que havia também uma piscina. O primeiro lugar era horrendo, com a pintura dos séculos descascando e um cheiro de mofo doentio. A segunda era uma enorme sala com várias almofadas de plástico, baldes, torneiras e as mulheres lá faziam de tudo. Colocavam óleo no cabelo, passavam uma esponjinha na pele, tiravam a sobrancelha, depilavam as pernas, conversavam sem parar. Uma havia que lavava roupa nas torneirinhas disponíveis. Muitas roupas, muitas mesmo. Pensei: "é louca". VS, numa vã tentativa de me fazer curtir o ambiente, arriscou: "vai ver ela é *homeless*". Isso lá é incentivo?

Neste momento, quase saí correndo, mas as bactérias se aliaram aos fungos e impediram a minha tentativa de fuga. Por final, entramos na sauna a vapor, quando já estávamos completamente banhadas de suor, com sede, fome e certa baixa de pressão. A piscina era absolutamente gelada e só coloquei a ponta do dedo mindinho para me certificar de que lá não entraria. Ufa, passamos pela primeira fase! E fizemos tudo que nos mandaram: suar muito, se ensaboar bem com um tal de sabonete negro, que nos deram e que facilitaria a *gommage* . Depois entrar em uma ducha, já que pulamos a escala da piscina.

Era chegada a hora da *gommage*. Em uma mesa de metal, tipo Instituto Médico Legal, me deitei como se estivesse realmente num cativeiro e a senhora árabe, com uma roupa molhada (coitada, o dia inteiro naquele lugar) passou uma luva áspera em todo o meu corpo — a mesma que ela havia usado nas árabes antes de mim. É verdade que nas que me precederam a *gommage* demorou 25 minutos. A minha, somente 10. Ela estava morta de fome. E viva o *tahine*! Fui salva por ele. VS continuava alegrinha como nunca afirmando que não havia problema, porque nem as bactérias aguentariam aquele calor. E elas, as bactérias, riam em um canto, ironicamente. E quase deram uma lição para VS, que, tão sabichona, não havia percebido que o calor é o lugar ideal de veraneio das ditas.

Terceira etapa: a massagem. VS foi antes de mim e eu esperei os 20 minutos, porque as outras massagistas tinham ido almoçar. E tome tahine! No 15º pensei: "Vou embora, não espero mais, saco, eu odeio massagem". Mas sei lá por que continuei a espera, tomando um chá de menta com 2 quilos de açúcar por xícara. Era chegada a hora da tortura. Estava preparada, ou simplesmente amortecida por tantos desprazeres. Mais um e pronto, estava livre daquele inferno, que para ser absolutamente verdadeiro só faltava alguém carregando um tridente. Mas como era dia do hammam feminino, quem sabe por onde ele andaria? Disfarçado, talvez, pois havia uma mulher que espalhava objetos pelos tapetes — ahã, a mesma que lavava roupas — e se dizia fotógrafa iraniana fazendo um livro sobre a mesquita. Não me convenceu. Sei não...

O que sei é que as portas do paraíso se abriram quando a massagista espalhou óleo quente e começou a delicadamente, lentamente, passar a mão pelo meu corpo. Com uma precisão e suavidade ela foi desfazendo todos os pontos de tensão. Eu me rendo, foi uma experiência extraordinária que jamais esquecerei. Fica aqui o meu conselho: vá à mesquita, faça uma visita, que custa 3 euros (menos às sextas-feiras), ela é pequena e bonita. Vá ao hammam e faça uma massagem. O resto pode esquecer. Na hora de sair largamos os chinelos sabe onde? Na mesma cesta onde havíamos pegado. Logo eles seriam usados pelas próximas incautas, e uma delas pode ser você.

Quando for lá não se esqueça de dar minhas lembranças às bactérias. Elas adoram fazer amizades novas.

Globalização, apito
E COCAR

Aqui em Paris, eles adoram quando um estrangeiro fala algumas palavras em francês. Mas imediatamente respondem em inglês com baita sotaque.

O MUNDO GLOBALIZADO é muito chato. Hoje tem tudo na Oropa, França e Bahia, especialmente o que vem dos Estados Unidos. Em Paris se sente o cheirinho do Starbucks e se vê por toda a parte aquele copo que queima a boca; de bagels nos cafés moderninhos (quem, em sã consciência, troca uma baguette por um bagel?) e do hambúrguer do Mac Donalds. Os jovens, especialmente os da periferia, usam jaquetas do Chicago Bulls, boné para trás e amam funk. Mas não está tudo dominado. Continuam a ter filas na porta dos *traitteurs, brasseries, chocolatiers* e cafés tradicionais, aqueles em que você pede um cafezinho, paga uma fortuna e fica horas vendo "parisienses andando na rua", diversão predileta de meu amigo CT. O cinema francês é maioria nas salas e mesmo programas de televisão americanos ganham uma versão totalmente francesa. Vi uma edição de Top Chef (adoro!), um reality, como o nome diz, com chefs, e me surpreendi. Na versão original, americana, o programa tem uma hora e um chef sai e os outros ganham a chance de ir para a outra rodada até o vencedor final nos programas posteriores. Na França são duas horas e meia, os chefs vão ganhando a cada prova o direito de entrar na outra etapa e os que sobram fazem nova disputa. Assim, foram quatro ao longo de um programa, com pratos que alguém jamais imaginou. Tinha acabado de jantar e já estava com fome de novo só de ver. E eles falam muito o tempo todo, como de resto em todos os programas de televisão, a maioria debates sobre TUDO.

E outra grande diferença: shopping centers não colam em Paris. Inventados no século X a.C. pelos árabes, os grandes bazares se tornaram shoppings em 1828 nos Estados Unidos. E com isso declaro que 100 dias em Paris é cultura. Em Paris os grandes magazines funcionam quase como um shopping center, mas na forma original de um espaço com muitas lojas diferenciadas, praça de alimentação, conheci somente um, o SO OUEST. Aviso logo, se for ficar poucos dias, não vá lá. Será o maior programa de índio. Se ficar muitos dias e for curiosa como eu espane o seu cocar, pegue o apito, porque vai continuar sendo um programa de índio.

O dia era de sol, mas muito frio. Os museus estavam fechados por causa de um feriado e porque a maior parte não funciona às segundas. Resolvi conferir e com isso dar um grande passeio de ônibus. Valeu muito, o trajeto era lindo até sairmos de Paris. As portas são os limites da cidade e eu fiz a grande bobagem de passar por uma: a Porta de Asnières, que nos leva exatamente onde ninguém deve ir, um lugar feio, triste, modernoso. Ou seja, faz sentido colocar o shopping lá. O SO OUEST (31 Rue d'Alsace, 92300 Levallois-Perret) é o lugar perfeito para não se saber onde está. Pode ser Miami, Rio de Janeiro, Curitiba ou Dubai. Shopping é shopping — uma cidade à parte. A inglesa Marks & Spencer é a loja de ponta, mas não é mais a mesma. Achei algumas coisas interessantes, como um Bar de Unhas. Você senta em

um balcão, com a bunda virada para o corredor, e as manicures fazem a sua unha, por preços extorsivos — de 35 a 65 euros, se fizer unha de gel francesinha. Ó Deus, em Paris também tem francesinha, e eu que pensei que era um nome, assim, fantasia. E que não existisse como o filé à francesa, abajur e marquise, coisas absolutamente desconhecidas pelos franceses.

Outra loja me intrigou: A Loja do Gato Preto, assim mesmo em português. Na trilha sonora, tocava Seu Jorge. Pronto, tô em casa, vou até dar uns passinhos de dança, mas, quando inquirida, a moça me disse que a loja era de Portugal. Por que não tocam fado, então, quase perguntei, mas engoli a minha língua.

Uma surpresa engraçada, o restaurante japonês do lado do shopping, Matsuri, com aquelas esteiras rolantes. Bom, mas caríssimo. Paguei 30 euros — e se come normalmente em um restaurante oriental em Paris por 12 euros –, mas valeu para ver alguns franceses comendo de colher e garfo os sushis; outros pedindo espetinho de queijo, para desgosto da *sushi-woman*. Dois camarões empanados custavam 2 euros. Três fatias de sashimi de atum, 6 euros. E de sashimi em sashimi, os pratos de borda verde, que eram os mais caros, me fizeram gastar o que não queria. Quem mandou?

Hora de voltar, cocar espanado, peguei o ônibus 53 de novo e acabei na Opera, vendo gente de todo o mundo também com seu cocar imaginário: japoneses que tiravam fotos sem parar; italianos discutindo sobre a "pasta" mais próxima; brasileiros ávidos pelas compras (vai ao shopping, vai); mafiosos russos e suas mulheres cheias de pele e joias entrando nas lojas mais caras, e alguns franceses elegantérrimos aproveitando o sol do feriado. Outros nem tanto chiques, mas também lagarteando ao sol.

Estava de volta à Paris, de onde nunca devia ter saído.

Languedoc, Gard, Pont Saint Esprit,
MAS PODE ME CHAMAR DE PROVENCE

Aqui em Paris, é fácil viajar para qualquer outro lugar.

A FRANÇA TEM uma estranha divisão, pelo menos para mim, uma brasileirinha da gema: são 27 regiões e 100 departamentos, se não falha a minha última fonte de informação, a Wikipédia. Eu precisava de uma resposta, após fazer várias perguntas em um fim de semana, antes classificado como "na Provence". Fui para Pont Saint Esprit, situada no lado direito do Rio Rhône, um dos mais importantes da França, que é localizada em um ponto estratégico, pois está na fronteira de três regiões — Rhône-Alpes, Languedoc-Roussillon e Provence-Alpes-Côte D'Azur — e também estrategicamente colocada no cruzamento entre três departamentos: Gard, Ardèche e Vaucluse. Minha amiga AF, a quem fui visitar, não facilitou: "Eu sou parisiense, então o Sul da França é tudo Provence". E explicou ainda que provençal é um estilo de vida e uma arquitetura que podem ser encontrados em todas as regiões por ali. Então, estive na Provence e não se fala mais nisso.

Na véspera de viajar, fui prudente, perguntei como estava o tempo: "Ótimo, calor, 30 graus, Provence!". Fiz uma mala carioca, quase coloquei um biquíni. No dia seguinte, fui avisada que estava chovendo e a temperatura tinha baixado um pouco. Peguei uma capa e uma echarpe. E quase morri ao descer do trem em Avignon. Chovia fino, a temperatura era 10 graus, com sensação térmica de -10. O guarda-chuva que comprei durou somente a travessia da rua, pois o vento mistral conseguiu destruí-lo. Muitos escritores já falaram do mistral, um vento frio e seco, que gela as narinas e a alma. E há até o provérbio popular: "*Avenie ventosa, sine vento venenosa, cum vento fastidiosa*", algo como "ventosa avenida, sem vento amaldiçoada, com vento entediante". Mesmo assim me aventurei por Avignon, linda cidade murada, onde viveram os papas por muitos anos e depois voltaram correndo para a quente Roma. Você já foi literalmente carregada pelo vento? Eu já, em Avignon. Adoraria voltar um dia com sol e aproveitar, mas não foi dessa vez. Mistral, me aguarde. Agora que te conheço sei como lidar com sua força e não serei quase derrubada por você.

Quarenta minutos de estrada — a região é totalmente cortada por autopistas e estradinhas vicinais — chegamos a Pont Saint Esprit, ou melhor, à propriedade dos Fabrol, com seus vinhedos, plantação de kiwis, peras, entre outras cositas, que fica a um quilômetro da cidade. O frio persistia e uma volta na cidade me proporcionou algumas surpresas, como o Museu de Arte Sacra. É impressionante, e só acontece nos velhos países da Europa, em especial, na França: em uma pequena cidade, o Estado resolveu comprar uma casa medieval e transformá-la em um museu com um acervo pequeno, mas espetacular. E sem preconceitos. Arte sacra é tudo — dos sarcófagos do Egito a ícones russos, passando pela tradição da igreja católica. E uma curiosidade: como a casa havia abrigado um hospital, há a antiga farmácia, a banheira de cobre onde os epiléticos recebiam banhos frios, entre outras coisas. Adorei. Preço? De graça.

Uma pequena virose me levou para a cama no primeiro dia chuvoso e no segundo, onde também o tal sol provençal devia ter ido passear em sua capital Marselha — ah, as regiões têm capitais, mais uma informação geográfica a processar. No terceiro dia, porém, a chuva resolveu dar uma trégua à pobre brasileira, assim como a virose, e pude conhecer as maravilhas do lugar. Bastava andar um pouquinho para um lado para estar em outra região, departamento, ou seja lá o que for, mas sempre um local banhado por rios que acabam se encontrando no Rhône. E cidades minúsculas com nomes maiores do que elas muitas vezes: La Roque sur Cèize (uma cidade em uma rocha em cima do rio, o nome explica), Goudargues (com pequenos canais e por isso chamada de Veneza), La Chartreuse de Valbonne (que não é propriamente uma cidade, mas um ponto histórico onde havia um claustro de freiras que faziam vinho) e a campeã, a que mais amei: Aiguèse, classificada como uma das mais belas cidades da França. Cidade medieval, com uma igreja do século XI, pequenas vielas e até a torre de um castelo, daqueles que madrastas malvadas prendiam princesas. Pensei até em subir, jogar as minhas tranças, mas como o meu cabe-

lo é curto e completamente rebelde desde o momento em que pisei na França — cada fio vai para um lado — deixei para outra. Para alegrar mais a minha ida à Aiguèse, havia uma feira com doces, queijos, balas, vinhos, uma delícia. A carteira estava no carro, no estacionamento. Que ódio! Para finalizar a manhã, AF, a melhor guia informal da região, que, em breve, vai tirar a sua licença profissional e, desde já recomendo, me levou para ver Gorges de l'Ardèche. Uma panorâmica rápida do cânion natural, onde os mais ousados — não eu — descem de caiaque. Lindo, mas prefiro vê-lo de cima ou em fotos.

Hora do almoço e isso aqui é rígido em terras provençais, um ritual fundamental e curtido em detalhes: aperitivo, uma torradinha com tapenade de azeitonas ou brandade de bacalhau — uma especialidade de Nîmes, a capital de Gard (ah, os departamentos também têm capitais, cada vez fica mais complicado) com vinho rosé; salada, a seguir o prato principal, com vinho tinto: frango criado na própria terra — quando as raposas deixam — com aspargos comprados no plantador ao lado e colhidos na hora e um bom purê de batatas também colhidas para o almoço. E o queijo. E a sobremesa. E um bom papo. Confesso me sentir uma privilegiada por ter compartilhado desta refeição provençal com SF (a nossa "chef"), seus pais YF e JF, e minha querida amiga AF. Se não tivesse visitado coisas tão bacanas, teria valido a pena ter ido só para este almoço em família. JF, muito orgulhosa e catita, afirmou que estávamos ali no melhor dos mundos " quarenta minutos tanto do mar quanto da montanha". E a felicidade de todos parecia confirmar isso.

Antes desta pequena viagem havia visto em um programa de televisão, Masterchef (adoro, competição de chefs franceses amadores), um lugar esplendoroso onde havia sido feita a gravação. Não entendi bem o nome, mas me impressionou porque era algo como uma ponte deslumbrante. Pois bem, fica a quarenta minutos de Pont Saint Esprit (JF tem razão): Le Pont du Gard, aqueduto construído pelo romanos no século I, com 50 metros de altura em três andares (o mais alto do mundo), que continua lá, imponente, majestoso, prova do poder de Roma. Fiquei alucinada pelo local e se um dia voltar lá, vai ser com gel no cabelo, porque o vento inclemente mais uma vez me deixou com os cabelos em pé, além da beleza do local.

Um jantar provençal, ovos com trufas negras, uma noite bem dormida, uma despedida afetuosa das amigas SF e AF e assim terminou o meu fim de semana provençal, que compartilho neste livro com você, torcendo para que possa um dia sentir tudo isso.

Comer, comer
E COMER

Aqui em Paris, gula não é pecado nem venial. Aliás, é uma qualidade indispensável que leva ao paraíso.

DIZEM QUE os parisienses também rezam e amam muito, mas o que sei é que comer é uma obsessão em Paris. Os parisienses só pensam nisso e andam pela rua observando os cardápios na porta dos restaurantes, lendo, decifrando os ingredientes e saboreando de antemão o que um dia vão comer. Os turistas entram na onda e em poucos dias já conhecem o que os parisienses sequer sonham — ou pelo menos assim acreditam. Uma das coisas que mais me irrita na face da terra é aquela pessoa pretensiosa que, assim que você chega de Paris, pergunta: "Mas você não foi naquele restaurante no 678 ème, na Rue Saint Martin des Andes et Navarre, aquele que serve perna de rã gratinada com salmão pescado pelo próprio chef na Escandinávia e que só vai francês?" Você, já humilhada, responde: "Não, não fui". Aí vem o tiro de misericórdia: "Então você não foi a Paris". Luiz Fernando Verissimo já escreveu sobre isso com muito mais talento do que eu e devia ter guardado para copiar aqui, já que passei várias vezes por situações como essa. E decidi desde então que não finjo que sei tudo, que conheço todos os chefs e que adoro um restaurante estrelado. Há quem viaje para achar, eu viajo para me perder. E entro em qualquer lugar, às vezes é ótimo. Às vezes, sofrível. Assim como a vida.

Logo na primeira semana fui a um tal restaurante que só tinha francês. E logo onde, no Carroussel du Louvre. Só rindo. O Marriage Frères, uma loja de chá que adoro, abriu um salão de chá e almoço, ao lado da entrada do Louvre (dentro da Pirâmide, não na rua). Os garçons têm topetes da mesma altura da antipatia, e no dia que fui lá havia nas poucas mesas casais simpáticos franceses, que conversavam sem parar (eles falam muito, o que é ótimo). Resolvi pedir um frango que vinha com uma explicação imensa, mas não passava de um frango com legumes feito na wok. Gostosinho, mas, como diz minha amiga MIF, nada para contar para a mãe. Não valeu os 25 euros. Saí morrendo de fome e, para acabar a festa, entraram alguns japoneses. Não me virei com medo do topete dos garçons terem desabado.

Mas se esta foi uma das experiências que só deixam um rastro de irritação, tive boas surpresas, como comer suflê no La Cigalle Recamier (4 Rue Récamier 75007), o restaurante predileto do presidente Hollande. Você já comeu nuvem? Não? Então precisa ir lá. A consistência é algo indescritível, especialmente para quem mora no Brasil e come suflê em casa, uma gororoba com farinha de trigo e claras de ovo, que jamais cresce — mesmo assim, é bom. *Soufflé* no La Cigalle é outra entidade e ganha até dois ff. Lá se pode optar pelo *soufflé* grande (+ ou – 20 euros) ou pelo pequeno (em média, 10 euros). Resolvi comer dois dos pequenos — o de queijo e o de salmão. Minha amiguinha, PV, que estava indo embora de Paris e me levou no paraíso, escolheu o de pato e o de cogumelos com toque de farinha integral. Amamos todos e comeríamos mais uns, digamos assim, 20. O garçom bem que avisou: "se vocês quiserem soufflé de sobremesa têm que pedir agora, junto com o salgado". Fizemos corpo mole, engrenamos em uma conversa comprida, tomamos uns goles de rosé (já estava me sentindo quase uma bêbada inveterada) e ficamos loucas pela tal sobremesa: eu queria o de caramelo com sal de Guèrande e ela o de frutas do bosque. Tentamos e não fomos bem-sucedidas. E antes que pensássemos ser pura má vontade, quem estava nos atendendo explicou: "às 14h30 o forno é desligado, os cozinheiros precisam comer, *n'est pas*?". E arrematou, como um bom francês: "eu avisei". Tivemos que nos conformar com creme brulê com baunilha. Chato, essas coisas magoam.

Fui apresentada à Rue des Abbesses pela minha amiga DB, que aceitou convite de um grande amigo, JLB, que mora há muitos anos em Paris e garante que Montmartre é o melhor lugar de Paris e, quiçá, do mundo. Com os dois e mais a adorável família de JLB comemos ostras com vinho branco no badaladíssimo La Mascotte (52 Rue des Abbesses 75018), fundado no século 19 e que conserva o charme dos antigos restaurantes franceses. Voltei lá mais duas vezes e posso dizer que entrou na minha lista dos 10 mais. Lá comi o melhor prato de todos os tempos: costela de porco, *travès de porc*, carne tenra, curtida por muitas horas, de sabor marcante, porém delicado e perfumado com um ligeiro, mas bem ligeiro mesmo, curry. Os garçons vibraram quando disse que havia sido o melhor que havia comido em Paris e mostraram orgulho do time. E merecem ter mesmo.

Outra experiência gostosa em todos os sentidos foi almoçar e jantar na Brasserie Balzar (49 Rue des Ecoles 75005), outra indicação da minha amiga gourmet DB. Fica ao lado da Sorbonne, foi inaugurada em 1886, e é ainda ponto de encontro de intelectuais e refúgio perfeito para turistas que estão buscando comida francesa. Os mâitres e garçons são muito atenciosos, alegres e prontos a sugerir o melhor do dia. E não usam topete. O cardápio é apetitoso e eu recomendo a experiência de comer *aile de raie française façon grenobloise, pommes vapeur*, a nossa conhecida arraia com muita manteiga e alcaparras acompanhada com batatas cozidas. É deliciosa. Dizem que é o prato predileto do Johnny Depp, que lá não estava. Olhei bem para os lados em busca de outro: um senhor magrinho, de óculos em um canto, mas também não o vi. Se você for ao Balzar cheque também: pode ser Sartre que veio reviver os velhos tempos.

Mas o melhor, o campeão, no quesito gastronomia deixo mesmo para o final. Odeio clichês. Mas não posso deixar de usar um: "Quem tem amigos, tem tudo". Meus amigos recentes, o elegante JL (especialmente quando coloca uma echarpe de cashmere cinza) e sua encantadora mulher LL me convidaram para jantar no L'Atelier Saint-German, de Joël Robuchon (5 Rue de Montalembert 75007) — uma experiência inesquecível. Digamos que nem é um jantar, é uma efeméride.

O local é descontraído, um enorme balcão que circunda uma cozinha, e onde se sentam 40 pessoas, normalmente para a experiência de comer o "Menu Découverte" — seis pratos e duas sobremesas criadas pelo Chef do Século, título que Robuchon ganhou no final dos anos 90 e que acumula três centenas de estrelas no Guide Michelin em seus diversos restaurantes pelo mundo. Para mim, só o L'Atelier merecia as 30, embora tenha duas, o que é um luxo. O serviço é impecável e acom-

panhar o verdadeiro balé (JL achou mais parecido com uma sala de cirurgia, tamanha precisão) dos artesãos (não dá para chamar de cozinheiros simplesmente) sob a batuta do chef Axel Manes, discípulo de Robuchon, é uma delícia. A cada pedido todos respondem ordeiramente: *OUI, CHEF*. É absolutamente genial, me senti no meio de todos os *realities* sobre gastronomia que vi, vejo e verei. Os garçons são sorridentes, educados, polidos, brincalhões, uma raridade em Paris.

As porções são pequenas, mas, evidentemente, pensadas para que o prazer permaneça ao longo das duas horas e meia de degustação, que começa com caranguejo, passa pelo caviar, o *foie gras*, ovos, aspargos verdes e *saint pierre* até chegar ao prato principal — também em pequena porção de cordeiro ou codorna. De sobremesas (o plural é fundamental) creme de maracujá e banana e ganache de chocolate. Tudo isso escrito parece banal, mas cada prato contém nele os elementos da genialidade do chef, a mistura perfeita de texturas — suavidade e crocância — e sabores — picante, ácido, amargo e doce. Não saberia escolher o mais saboroso porque é a sucessão que faz tudo ter sentido. E como não sou crítica gastronômica, nem pretendo fazer um guia sobre o assunto, encerro aqui.

O que posso dizer é que meus amigos me proporcionaram uma noite em que os sabores e a boa conversa se integraram perfeitamente. É caro? Claro que é! O elegante JL nem deixou que eu visse a conta, mas bisbilhoteira sei que o menu é cerca de 140 euros por pessoa. Eu até podia pagar, e o gerente da minha conta no banco iria pensar: "Ela enlouqueceu de vez em Paris". Mas se você tem bala na agulha ou amigos generosos como os meus, que fizeram da comemoração de uma meta realizada por nós três, uma experiência única para mim, não hesitem.

Certamente, L'Atelier é uma das boas coisas que Paris tem a oferecer. Cheio de franceses e de turistas — como acontece por toda a cidade.

Oui, chef!

Turistas, o poder
E AS COCOTTES

Aqui em Paris, os turistas compram desenfreadamente. Os franceses olham com certo desdém para as imensas sacolas que todos carregam.

NÃO QUERO SER arrogante, nem menos daquele tipo que passa 100 dias em Paris e começa a falar Porrrr Favorrrr fazendo bico e fingindo que desaprendeu um pouco a língua mãe. Isto posto, posso ser um pouco presunçosa. Num dos raros dias de sol, resolvi que era hora de ir ao Champs Elysées. Afinal, não ir lá é como não ir ao Pelourinho quando se está em Salvador, mal comparando.

Multidões se acotovelavam, era hora do almoço e tudo era caro e cilada; ao cinema não dava para ir, pois a próxima sessão seria daqui a duas horas; não encontrei o ponto do ônibus; atravessei a rua que não precisava e, já sem saco, peguei um táxi e fui para o Boulevard Haussmam. Tolinha. Ali se encontra a fortaleza inexpugnável dos turistas brasileiros, japoneses, coreanos: as Galerias Lafayette. No meio daquele formigueiro humano, esbarrando nas sacolas, ouvindo todas as línguas do mundo, exceto francês, percebi que mais uma vez estava no lugar errado. Voltei para casa correndo e refletindo que turismo é fundamental, mas é uma praga para nós, *les résidents*. Ai que besta! Se achando. Se fosse parisiense jamais faria este trajeto, a menos que fosse obrigada.

Resolvi dar outra chance ao Champs Elysées, mesmo depois de ter jurado que não colocava mais os meus pés lá. O motivo era muito especial: conferir alguns fatos históricos que muito me interessaram em Paris: as *cocottes*, ou seja, as grandes cortesãs que dominaram Paris no século XIX. Esther Lachmann, por exemplo, de origem polonesa, filha de um modesto alfaiate refugiado na Rússia, foi para Paris ganhar a vida do jeito que sabia, vendendo o corpo. Um dia, foi jogada de um carro na rua, em frente ao número 25 da Avenue Champs-Elysées, e jurou que iria construir ali um palácio para ela mesma. Rapidamente ela subiu na vida, após se casar com um marquês português e se tornar Marquise de Païva. Era pouco, subiu na escala da nobreza ao se casar com um conde prussiano. Cada vez mais rica, decidiu que iria ter a mansão mais bela de Paris, o que foi feito pelo arquiteto Pierre Manguin, L'Hôtel de la Païva.

Até hoje o número 25 da Avenue é um marco da arquitetura do Segundo Império. Fui lá ver, claro. Realmente é extremamente bela a casa, que vi somente com as portas entreabertas. Curiosamente, ou não, hoje é um clube para homens, e só é permitida a visita aos finais de semana (quando os negócios diminuem), para grupos e com guia especializado. O curioso é que ao lado, no número 23, está uma das atrações atuais de Paris: a loja americana Abercrombie & Fitch, cuja entrada fica na verdade atrás da rua, passando por um caminho ajardinado, como se fosse um labirinto. O décor é o mesmo da fachada da casa da *cocotte*, muito dourado. Muitos corpos nus emolduram o painel logo depois da gigantesca porta, música alta, jovens sem camisa dançando — bem mais parece uma festa gay do que uma loja para adolescentes. É proibido fotografar, mas é curioso dar uma olhada. Não é a casa da *cocotte*, mas... Se quiser se aventurar vá bem cedo, porque há uma fila enorme na porta. Da casa da *cocotte*? Claro que não, da Abercrombie.

Seguindo a minha busca pelas *cocottes*, fui até a casa da cortesã italiana Guilia Bénini, La Barucci, no número 120 da mesma avenida. Giulia nasceu na Toscana em 1837, era uma mulher alta, magra, de olhos negros e um francês com forte acento italiano, que causava *frisson* entre os cavalheiros. O maior sucesso era seu apartamento, "cujo luxo se faz anunciar desde a portaria" — mencionou um jornal da época. A letra N estava presente em muitos elementos de decoração e do mobiliário, uma clara menção a Napoleão III. Lá não se vê mais uma fachada esplendorosa, mas a entrada de um conjunto de escritórios e lojas. Pena que hoje não possamos ver nem da calçada os vestígios desta pompa, mas uma passada por lá faz a imaginação voar.

Entre uma *cocotte* e outra, encontrei uma placa especial no número 114. Um desenho de um homem de bigode e um chapéu e os dizeres:

ALBERTO SANTOS DUMONT (1873-1932)
Brésilien — Inventeur — Constructeur- Pilote
PIONNIER DE L' AERONAUTIQUE
Habita cet immeuble devant lequel em 1903 a fit aterriser son dirigeable 9.

Saí de lá contente, quase ufanista, e imaginando como teria sido aquela avenida no passado, com *cocottes*, nobres, um dirigível pousado, enfim, um lugar onde o fausto não significava lojas de grife, nem turistas enlouquecidos com a boutique do Paris Saint Germain, mas o poder da imaginação, o poder das ligações perigosas e o poder do poder.

Sol, chapéu de palha
E UMA CILADONA

Aqui em Paris existem muitos franceses que não são de Paris e que se divertem tanto como os outros turistas. Ou não.

IMPRESSIONANTE A CAPACIDADE dos seres humanos de repetirem o mesmo erro ao longo da vida. Eu, por exemplo, cada vez que caio em um programa organizado para turistas, juro solenemente que nunca mais. Não é preconceito contra grupos, isso não me incomoda, mas pela organização que pressupõe que todos são ovelhas que farão tudo que seu pastor mandar. E aí tome de levar para restaurante ruim, de prolongar algo que poderia durar 20 minutos e se arrasta por duas horas e meia e de informações desnecessárias e músicas insuportáveis. Eu sei de tudo isso, mesmo assim, toda animada, resolvi fazer um passeio pelo Canal Saint Martin. Como não conhecia ninguém que tivesse barco em Paris — e mesmo quem não tivesse — resolvi ir na opção segura: uma excursão guiada de 2 horas e meia organizada pela Canauxrama. Escolhi o dia em que ia fazer bastante sol — em Paris a meteorologia funciona —, comprei meu bilhete pela internet, fui à papelaria imprimi-lo e fiz a reserva por telefone, o que era obrigatório. Agora, pensei, é só correr para o abraço, ou seja, entrar no barco e desfrutar uma aprazível tarde. Tinha a possibilidade de escolher dois pontos de embarque: Bastille ou La Villete. Bastille, claro, a duas estações da minha casa.

Começou a ficar estranho quando cheguei ao ponto de embarque. Fagueira, ignorei a fila enorme na bilheteria do Canauxrama e me dirigi para o barco, dando um olhar com certo desprezo para aquelas pessoas que queriam comprar na hora. No barco, fui informada que devia aguardar... na fila. Como assim? Fui para a fila debaixo do sol inclemente (era inclemente mesmo, doía na pele), onde alguns franceses já bufavam, ligavam para a operadora do barco, reclamavam, mas era assim mesmo: quem tinha comprado e reservado precisava passar por ali, ter seu nome conferido, o bilhete impresso (que me custou 3 euros na papelaria) trocado por um ticket. Eu me lembrei da antiga piada que o alemão é um português que aprendeu matemática. O francês é um português que aprendeu a cozinhar com manteiga. Em todas estas nacionalidades, a inflexibilidade é a norma: tenta pedir uma pizza de dois sabores em qualquer um destes lugares...

Depois de 30 minutos, hora de ir para o barco e aguardar sob o sol que insistia em ser inclemente. Ainda estava otimista: "Quando o barco andar vai ser uma delícia, o ventinho, um passeio pelo canal, quase Veneza". Finalmente todos os incautos trocaram seus bilhetes e finalmente partimos. Entramos em um túnel escuro de pedra, por baixo da rua, que volta e meia era iluminado por grandes buracos no teto. "Ah, que lindo...". Depois de 15 minutos e 1.230 buracos não tinha mais graça alguma. Mas saímos enfim, e "oh, que beleza de paisagem", pessoas deitadas ao longo do canal, pontes e, "que interessante", uma eclusa, A primeira vez que vi uma eclusa foi no Rio Nilo e fiquei impressionada. Uma eclusa é uma obra de engenharia que permite que barcos subam ou desçam os rios ou mares em locais onde há desníveis. Era em um navio e no Egito. Naquele barco de passeio em Paris, como seria? Um grande portão abre, entra barco, enche de água, o barco sobe, segue adiante, fecha outro portão. Se não é assim, é mais ou menos. O processo não é longuíssimo, mas quando alguém avisou que era a primeira de quatro, pensei: "f....eu". Então o passeio é isso, entra em eclusa, sai de eclusa, anda um pouquinho, para um pouquinho. Em uma hora e meia estava todo mundo entediado no barco. As crianças mal-humoradíssimas, os velhos dormindo e os de meia-idade como eu bufando sem parar. Para "animar", uma musiquinha, diálogos do filme de Marcel Carné passado no Hotel du Nord, quando estávamos parados bem em frente, comentários do guia — o mesmo que recebeu os tickets, cuidava do bar e amarrava o barco, um homem multitask. "Por que não trouxe meu Kindle, podia pelo menos ler meu livro" — era só que eu pensava.

Foi exatamente depois de duas horas que me dei conta que não era um passeio ida e volta, que a Bastille estava cada vez mais longe. Por um lado, ótimo, não teria que fazer de novo abre eclusa, fecha eclusa. Em compensação, cada vez mais me distanciava da minha

casa. Acabamos em La Villete, o barco deu uma paradinha, não a final, mas a primeira em toda a trajetória, e eu desci correndo antes que eles me impedissem. Por sorte, a dois quilômetros, na saída do parque, havia uma estação do metrô direto para a Place Monge, a minha estação. Eu me joguei dentro dele, consegui um lugar e nunca foi tão feliz, após 20 estações, me ver dentro de casa. Exausta.

Nove horas da noite estava dormindo e para compensar o mau humor tive um sonho espetacular. No barco? Você enlouqueceu? Dançando em um salão, "That's Life", com Sinatra. Meu parceiro? George Clooney.

Isso que é bom: pé na terra, cabeça no ar e nada de água.

Dançar, danser

E A FELICIDADE MIÚDA

Aqui em Paris, assim como no resto da Europa, para dançar é preciso contar. Sai no 1 faz tal passo no 2 e por aí vai. Como faz falta uma herança rítmica africana. Bastou soar uma percussão estamos já na maior animação.

SOU UMA PESSOA precavida, organizada, obsessiva. Quando decidi vir para Paris, tentei cobrir todos os flancos, deixar tudo perfeitamente em ordem no Brasil e pesquisar bastante para fazer o que queria na cidade. Não queria abrir mão de certas rotinas como musculação, dançar e correr. Solucionei rapidamente em parte o quesito dança, nas aulas de samba de gafieira em Nation na academia de Sebastien Massaro, especialista em danças latinas, a quem considero um filho. Nos finais de semana fugia para Chartres para participar de algum evento de Stephane Massaro, meu outro filho, o mais velho. Como me diverti! Meus parceiros se esforçaram para superar o desafio de dançar com uma brasileira e de vez em quando ainda dava o meu "showzinho" particular com Seb ou Steph num samba com intenso sotaque ou em um forró.

Fiquei um tempo, porém, procurando uma academia de *west coast swing*, ritmo pelo qual sou inteiramente apaixonada. Encontrei certa dificuldade. A burocracia às vezes é infinita na França. Descobri uma academia, fui lá em uma festa, conversei com o professor e dono do espaço, ele me disse que eu poderia fazer o nível intermediário. Saí alegrinha prometendo voltar no dia da aula — sábado. E lá fui eu, sapatilhas em punho, mas ao chegar a atendente me explicou que não poderia fazer a aula, primeiro precisava marcar pela internet uma aula experimental para depois me matricular. *Je suis ici*. Eu estou aqui! *Je suis là*, tentei. De nada adiantou o meu apelo, "só depois de cumprir o programado", ela permaneceu com a inflexibilidade de um gendarme.

Não, na academia de ginástica seria diferente, pensei otimista como sempre: precavida, repito, treino em uma grande academia no Rio, que é ligada a uma organização de academias pelo mundo, o que me garantia que poderia frequentar com desconto quando estivesse viajando. Fiz o meu passaporte, uma folhinha impressa da internet, onde coloquei os meus dados. "Está tudo certo?". "Está" — me garantiram no Brasil. As academias em Paris não são visíveis. Encontrei uma de power plate (está super na moda) na esquina, mas que só funcionava aos sábados. Não é genial? Depois pesquisei e descobri que a maioria das academias pertence ao Club Med. E lá fui eu, vestida de atleta, com a minha folhinha na mão, tentar malhar. Fui recebida com cordial indiferença, mostrei a minha folhinha e me explicaram que eu precisava ter uma carteirinha da organização do meu país. HUM?!?! No meu flagelado francês pedi que ela, então, verificasse o preço sem o desconto. Ela me respondeu: 13 euros por dia frequentado, "mas é preciso a carteirinha". Guardei o papel no bolso, disse que ela podia esquecer a tal carteirinha, e que eu queria treinar lá mesmo assim, sem desconto. Na quarta menção à carteirinha, achei que era um sinal dos deuses e decidi mandar o Club Med para o inferno.

Correr, este era outro problema. Ficou em compasso de espera muito tempo e me fez virar refém de uma família que trabalha na mesma rua que morava: os Dowma. Primeiro conheci o pai, Claude, fisioterapeuta, que me indicou sua filha Charlotte, osteopata. O problema era o meu calcanhar que insistia em doer MUITO desde o Brasil. Primeiro só doía no dia seguinte após eu correr; depois resolveu doer todos os dias. Fiz um raio x e um ortopedista diagnosticou: esporão de calcâneo, me receitou uma palmilha horrenda que só piorou a dor e quase me mandou para o forno de bíer (quem lembra disso?) e para a maldição da fisioterapia nas clínicas de plano de saúde. Ao chegar em Paris, porém, de tanto *marcher, danser, bouger* (andar, dançar e se mexer) tudo foi ficando pior. Charlotte colocou meu pé no lugar, trabalhou toda a musculatura posterior da perna e disse que a tensão nela é que estava causando a dor, porque no calcanhar é que se insere um longo tendão. E me recomendou o seu irmão, Alexandre, com consultório também na mesma rua, podólogo, reflexologista, especializado em esporte e também osteopata. Refém total. Aí se fez a magia: ele examinou o meu pé de todos os jeitos, me colocou em diversos aparelhos, fez variados testes e prometeu que iria resolver o meu problema — "muito comum, tenho corredores e chefs como pacientes e todos melhoraram". E melhorei mesmo, cada vez mais, mas meu sonho de correr nas margens do Sena e no Jardim de Luxemburgo ficou para a próxima vez.

Ficaram a dança, as escadas do meu prédio, que mesmo com o elevador consertado insistia em subi-las e descê-las pelo menos uma vez por dia; as enormes caminhadas por Paris; o sobe e desce no metrô. Enfim, em Paris, como os parisienses. E a cada dia descobria mais que a felicidade está nas coisas miúdas, não as que são especialmente planejadas com obsessão. Aquilo que pensei estar organizado: ginástica e corrida foram para o brejo logo. As academias não davam certo. Juro, tentei mais uma de power plate, mas havia o mesmo ritual da aula gratuita marcada para duas semanas depois, o que me fez desistir também. Com os dias passando fui ficando cada vez menos atrelada a esquemas preestabelecidos e tentando deixar que a vida me levasse pelos caminhos que ela desejasse. O que era motivo de tensão passou a ser menos uma preocupação. Não tem lugar para treinar? Ando mais meia hora. Não tem lugar para dançar west? Danço mais samba arrevezado. Não estou correndo? Subo mais escadas. E tudo deu mais certo do que previra e foi se encaixando como um grande quebra-cabeças engendrado pelo Universo.

Acho que é por isso, depois que relaxei, que passei dias cantarolante, um símbolo de felicidade — "me pego cantando sem mais nem porquê" como Chico Buarque maravilhosamente, como sempre, definiu. Uma música, especialmente, não me saiu da cabeça quase o tempo todo, uma de Seu Jorge: O que faz você feliz?/ O que faz você feliz?/ O que faz você.../ A lua, a praia/ O mar, uma rua/ Um doce, uma dança/ Paixão, dormir cedo. Teria que acrescentar somente uma linha "estar em Paris" para me encaixar perfeitamente nesta letra singela. As coisas simples me fizeram extremamente alegre, depois que decidi abrir mão do controle de tudo. Vivi com a permanente sensação de plenitude que algumas pessoas acreditam que só é possível quando se está grudado com a outra metade da laranja, cheio de endorfina após o sexo ou o exercício físico ou vivendo uma sensação espetacularmente forte e cheia de adrenalina. Adrenalina me lembra de cortisol depois correndo na corrente sanguínea, estresse, pressão alta, crise, pânico. Não gosto.

Afinal, o que é que me deixou tão feliz? Coisinhas miúdas, não aquelas cantadas por Gonzaguinha (São tantas coisinhas miúdas/ Roendo, comendo/ Arrasando aos poucos/ Com o nosso ideal), mas ir

French

ao cinema para ver um blockbuster em homenagem aos velhos tempos, *Star Trek*, comendo pipoca e tomando Evian. Comer um *tartar de boeuf* — aquela carne crua, finamente temperada, com muita batata frita. Ir a exposição sobre art nouveau na Pinacoteca e esticar comendo um docinho no Fauchon. Olhar as ruas, as vitrines, as pessoas, os monumentos, os carros, os turistas. Foram tantas coisinhas miúdas que se tornaram um prazer graúdo.

E uma me fez especialmente alegre: as aulas de dança com um dos campeões na França de *west coast swing*, Olivier Massart. Enfim! Ele me acolheu sem burocracia, pagava por aula e ia para a aula "caminhando contra o vento/ sem lenço/ sem documento/ num sol de quase dezembro/ eu vou" — assim como Caetano Veloso ordenou há tantos anos. Saltava sempre três pontos antes da minha parada na Èglise Americaine (aula de dança em uma igreja à beira do Sena, só em Paris) e ficava me deliciando com a beleza do rio, da ponte Alexandre III, que desde 1900 maravilha a todos. Eu poderia passar lá 100 mil vezes que sempre achá-la-ia bela — assim como ao Pão de Açúcar, o Dois Irmãos e a curva da praia de Copacabana no outro Rio, o de Janeiro.

A aula de dança me aqueceu tanto quanto o calor lá fora. Afinal, quem dança é mais feliz. Curioso, não consegui me lembrar de música alguma para cantarolar. Deve haver muitas, mas me esqueci de alguma que fale do prazer de dançar. Recorro ao Google mais tarde, enquanto escrevo e encontrei muitas referências: dança do bumbum, dança sensual do MC Koringa, dança do canguru, dança do quaquito. Nada me interessou, mas que uma chamou a minha atenção, de Moraes Moreira e Galvão: A menina ainda dança/ E dentro da menina/ Ainda dança/ E se você fecha o olho/ A menina ainda dança/ Dentro da menina/ Ainda dança/ Até o sol raiar/ Até o sol raiar/ Até dentro de você nascer/ Nascer o que há.

Que sensação deliciosa que só a dança pode proporcionar e as coisinhas miúdas da vida. E ela ainda dança...

Em Paris, no Rio ou em qualquer outro lugar.

Disney, outlet
E A TOLA POLIANA

Aqui em Paris, as mulheres preferem a qualidade com bom preço e não ostentam grifes. E nem usam boca de silicone.

SOU CRÍTICA, sou mesmo! Muita gente me critica — curioso, não? — por isso. E dependendo do meu humor tenho uma resposta padrão: "O senso crítico é o que separa os homens dos animais". Não sou, porém, uma pessimista, daquelas que acha que tudo é ruim. Pelo contrário, sou até meio Poliana e acho que sempre pode dar certo em algum momento. Tenho esperanças, mas quase nunca elas me salvam quando me deparo com algo que minha intuição já tinha avisado que era má ideia. A Eurodisney é a prova cabal disso. Aliás, nem se chama mais assim: é Disneyland Paris. Nos últimos 40 anos vim tantas vezes a Paris, mas jamais tive interesse em visitar Mickey, Minnie e Pateta. Quem tem Paris, um parque ao vivo de beleza e deslumbramento, por que precisa ir para o mundo do Mickey? Quem pode comer camembert não precisa comer cream cheese. Nunca também vim a Paris com a minha filha, quando ela era pequena. Levei-a para Orlando uma vez e adorei. Afinal na terra do *fake* nada melhor do que a Disney. Em Paris, porém, tudo é tão real, que acho que o paradoxo começa aí.

Disney e Paris realmente não combinam, agora tenho certeza. Ou será que americano estraga tudo em que coloca as mãos? Quando tive a oportunidade de passar três dias em um hotel dentro da Disney para um evento de dança, achei bem bacana. Pensei: vou para um hotel legal (paguei caro, 150 euros a diária, com desconto por causa do evento) e assim que o *France Open* acabar vou até dar uma olhadinha nos brinquedos, comer um bom cachorro-quente e me divertir. Benoit, o motorista que me levou para lá, me avisou: "Você não vai encontrar franceses na Disney, lá está cheio de ingleses e árabes, come-se muito mal lá". E isso é pecado mortal para um francês. Ele tinha toda razão. Cheguei de manhã em um lobby superlotado de personagens da Disney, corri para a primeira aula e quando deu meio-dia resolvi comer. Comer? "Só no Disney Village, que fica a dez minutos daqui, ou aguarde meia hora para a abertura do restaurante do lobby, mas é só snack" — avisou o *concierge*. Não ter comida disponível? Saí da França. Bobagem, deve ter *room service* — pensou a Poliana. Claro que não. Esperei o tempo regulamentar e pedi um sanduíche para levar. Ele veio: uma bandeja enorme, um prato com o sanduíche e a Coca Cola que tive que carregar até o quarto, que ficava a cerca de 400 metros do lobby. Cena patética. Pior mesmo foi o jantar no Village: um cachorro-quente xexelento. Bom, comer não é o caso, seremos felizes dançando e vendo TV, navegando na internet e postando no site *100 dias em Paris* — esta Poliana não para. Tirando a parte da dança, a TV era daquelas grandes e gordas, com uma imagem péssima; internet no quarto só pagando 10 euros por dia. Enfim, um bom livro nunca matou ninguém, ao contrário, e tenho muitos no meu Kindle: a luz da cabeceira estava queimada e só no dia seguinte seria possível trocá-la. E a TV quebrou em dois dias.

Aquele meu sonho besta de passear pela Disney foi para as cucuias. Não dou a mínima para Piratas do Caribe e odeio montanha-russa. Eu me mandei na manhã seguinte ao evento, mas sem antes passar por outra experiência, também insuportável. Os amantes de Miami e das grifes me avisaram: "Há um *outlet* superbacana perto da Disney". Poliana disse OBA! Olhei no mapa que havia no lobby do hotel, em meio a 600 espanhóis (a língua mãe no local), 300 ingleses e 4.000 árabes de todos os países da Europa, e pensei: "Nossa, tranquilo, é só sair daqui, pegar a estrada e em cinco minutos a pé estou no La Valée Village". Tolinha. Não dava para andar a pé para lugar algum. Era preciso pegar o ônibus do hotel, saltar na estação de trem, pegar o comboio e saltar na estação seguinte. E é perto? — ô Poliana chata que sorriu ao ouvir a resposta que era do lado. Para ganhar tempo, porque tinha aula duas horas depois, resolvi pegar um táxi: o motorista ficou de mau humor e disse que eu devia pegar o trem, ficou pior quando insisti e resmungou o trajeto inteiro porque estava há duas horas no ponto e aquela era uma corrida péssima. Agora me diz: 15 euros é uma corrida deplorável? E se ele estava no ponto há mais de duas horas é porque a maré estava mais para piranha do que para peixe.

O *outlet* tem o mesmo formato dos americanos, pequenas casinhas com as marcas sensação e preços nem tanto. Eu adorei um casaco de couro no Armani, mas custava 700 euros; ou uma carteira da Furla, 150 euros. Dei uma olhada geral, não comprei nada, fiz algumas fotos, comi num restaurante chinês (Oba! Comida de verdade) e resolvi pegar um táxi de volta, porque o tempo urgia. Táxi? Como assim? Táxi, repetiu o segurança até me dar a resposta correta: "não tem táxi aqui não". Quase chorei, juro. Aliás, minto, dei uma choradinha de ódio. Andei pelo menos uns 20 minutos até a estação, seguindo o fluxo, porque placa não havia, achando que nunca mais ia sair de lá.

Ufa, saí, porque sou safa. Mas lá não volto jamais.

Traição, tesoura
E CORTE

Aqui em Paris, o cliente nunca tem razão.

VOCÊ JÁ TRAIU o homem da sua vida? Eu já. Duas vezes. Na primeira, ele estava viajando. Na segunda era eu quem estava em Paris, ou seja, a traição se tornou inevitável. Nós nos conhecemos, quando éramos muito jovens. Eu tinha os cabelos na cintura, lisos. Ele, tão encaracolados que desafiavam o vento. Éramos jovens, alegres e confiantes no futuro. Nós envelhecemos, meus cabelos foram encurtando e embranquecendo; os dele, caindo mais do que ele gostaria, mas continuamos crédulos que o que virá será sempre melhor. Desde o dia que nos vimos não nos separamos mais. Uma vez por mês, encontro marcado. Ele viu minha filha nascer, crescer e virar uma adulta, a quem mima até hoje. Mesmo assim precisei traí-lo. E ele aceitou, coisas da vida, talvez seguro de que jamais nossos encontros iriam parar. Ele é casado com uma mulher simpática e com ela tem duas filhas, que vi crianças em fotografia e que também já são adultas. Na cintura ele tem as suas tesouras cortantes permanentemente e é um mago no corte: LM. Você quase caiu para trás por causa deste introito, não é mesmo? Mas que homem é mais importante na vida de uma mulher do que o seu cabeleireiro (perdão, *hair stylist*). Mulher, quando está carente, corta o cabelo. Quando está triste, muda a cor do cabelo. Quando se aborrece, picota tudo. Quando casa, faz cabelo de princesa. Quando separa, quer voltar a ser princesa. E quem está do lado dela, sempre? O homem da sua vida.

Ele sabia que eu não ia resistir 100 dias sem cortar o cabelo. Dito e feito. Morta de medo, tomei a decisão de mudar um pouco o visual, porque já estava com um topete maior do que o do falecido Itamar Franco. Já havia olhado com o rabo de olho dois salões muito próximos: um na Rue du Four e outro uma esquina adiante, na Rue du Sabot. Minha amiga VS, quando esteve em Paris, deu força para que cortasse no mais *tchan*, com uma entrada parecida de um clube *privé*. Intimidada, como uma boa brasileirinha sabe ser diante da grandeza de Paris, em especial dos seus cabeleireiros, fui no outro, menor, onde poderia cortar com um iniciante, um designer, um diretor de criação, de acordo com o que quisesse pagar — estava escrito na tabela pregada na porta. Cheguei, fui atendida prontamente, me fizeram sentar diante do espelho e dois cabeleireiros passaram meia hora me convencendo a deixar o cabelo crescer. "Mas eu gosto bem curtinho" — balbuciei. "Não fica moderno" — responderam taxativamente. E continuamos um tempo nesta embolada.

— Eu quero curto.

— Não fica bem.

— Eu quero curto.

— Mas você é moderninha, olha os seus óculos.

— Eu quero curto.

— Não vai dar.

— Eu quero curto.

— Tenta outro design.

— Eu quero curto.

— Não, não e não.

Não houve jeito, eu insisti o mais que pude até eles guardaram as tesouras ostensivamente, só para me irritar. Já ouviu falar nisso? Só em Paris o cliente não tem razão. Existem 70 mil salões na França; 12,1 cabeleireiros por mil habitantes na França (e um médico para cada 5 mil habitantes); 162 mil pessoas trabalham no setor — e estas estatísticas são reais, afinal *100 dias em Paris*, como já disse, é cultura. Pois bem, eu entrei no único salão que se recusa a cortar o cabelo de uma cliente. Só pode ser pessoal. IP, porém, tirou o meu complexo, quando comentei dias depois o ocorrido: "O problema é que os franceses se sentem na obrigação de dizer o que pensam e por isso o dono do restaurante, o *coiffeur*, podem mandar o cliente embora sem remorso. Na França o cliente não é o rei". Se ela que é francesa assim define, quem sou eu para contestar?

Saí andando pela rua e fui para o outro, o tal com entrada de boate gay: O Coiffırst (44 Rue du Four 75006). Rudy, um dos *coiffeurs*, veio me atender e resolvi não perguntar em que categoria ele se encontrava, pois ali também havia a hierarquia dos que cortam os cabelos, como mais uma vez a placa indicava. Gentilmente, ele disse que eu precisava cortar na lateral e atrás (o que eu havia pensado) e deixar comprido na frente como LM havia feito no Brasil, só com alguns retoques que o tempo exigia. Enfim, consegui cortar o cabelo. É muito estranho, porque a tesoura dele jamais estava na horizontal, sempre na vertical, de cima para baixo, de baixo para cima e chega de detalhes senão os homens vão se enforcar de tédio. Gostei do resultado e prometi voltar. Mais uma vez, combinado, LM? E não se fala mais nisso. Mais do que duas traídas já vira amante permanente.

Sabe o que achei mais legal? Ver o retrato dos serviços na França. Se em um restaurante há um garçom para dezenas de meses, no salão o *coiffeur* faz tudo: guarda o seu casaco, traz o quimono que deve ser colocado por cima, lava a sua cabeça (e faz uma massagem de relaxar o cérebro), ensina como se deve secar o novo cabelo, aproveita e lhe vende um produto para finalização (com classe), fecha a conta, recebe o dinheiro, dá um cartão com seu nome, pega o seu casaco, ajuda a vesti-lo e vai até a porta. Quando contei para minha amiga LP, com seu humor carioca-baiano ela arrematou: "Bem que ele podia ter feito uma faxina na sua casa". É mesmo, não pensei sobre isso. Da próxima vez, ele não escapa.

Quando custou? 119 euros. Quem mandou escolher um coiffeur no topo da cadeia alimentar? Acho que R corta o cabelo do Hollande, só pode ser. Cai o pano.

50 dias, 8.000 degraus

E 3 QUILOS

Aqui em Paris, andar de bicicleta não é um acinte aos motoristas de carro. Todo mundo anda: crianças, jovens e mulheres lindas de meia-idade, com sua bicicletinha com uma cestinha na frente. E permanecem magrinhas pela vida toda.

NO DIA EM que completei 50 dias em Paris gritei: viva! O que era uma ideia havia virado um projeto e se mostrado, na realidade, muito mais interessante do que sequer imaginara. Por mais que você se prepare, pesquise, estude o assunto, o bom mesmo é a possibilidade que o "inesperado faça uma surpresa" — como lindamente cantou Johnny Alf em "Eu e a brisa". E quem disse que eu gosto de surpresa? Pois bem, até nisso mudei. Sou uma taurina com os pés na terra e não me sinto confortável com mudanças e coisas inesperadas. Paris, porém, foi um aprendizado — e era isso mesmo que eu queria no meu aniversário de 60 anos. Descobrir que podia fazer coisas diferentes, me reinventar, porque só assim tenho a certeza de que não estou envelhecendo. Podem ser coisas banais — andar de moto, pegar um ônibus sem saber para onde, escolher uma academia de dança e mudar para outra — mas a sensação é do cacete.

Podia ter feito tudo isso no Brasil, claro que podia. Mas enfrentar a barreira da língua, o desafio de interagir com um povo rabugento como o francês tornou tudo mais engraçado. E vamos combinar, estava em Paris, para mim a cidade construída mais bela do mundo. No balanço dos 50 dias, a metade do caminho, pude sentir que estava tudo perfeito, que minha alma estava aquecida, meu coração, alegre e meu cérebro, estimulado — e podia querer mais do que isto? Claro que sentia falta de longos bate-papos, mas os amigos chegavam e eram mais do que bem-vindos. O telefone da minha casa era gratuito para o Brasil, então, também podia conversar com outros que estavam *là-bas* e me lembrar dos tempos em que minha filha era pequena e eu só ligava uma vez por semana, porque o orçamento não permitia mais e falava bem pouquinho. Uma tortura para uma mãe culpada.

Havia encontrado a minha turma de dança, então podia falar com outra linguagem, a do corpo, o que me fascinava. Meu único problema de fato neste quesito conversa era quando os franceses arriscavam pedir a minha opinião sobre futebol, que nada entendo. Passei um vexame em uma loja quando me disseram que o Thiago Silva tinha estado lá. E eu pensei: "Quem será?" "Um cantor de pagode?". Ao ver a minha cara de total desconhecimento, veio a explicação: era o capitão da seleção brasileira. Bem que eu podia ter estudado mais esta lição. Fica para a próxima. Perdão, Thiago.

Sentia saudade do arroz, do feijão e da farofa? Não. E se tivesse, iria na *épicerie* do Bon Marché e compraria tudo isso. Ou substituiria por arroz vermelho, lentilhas e manteria a farofinha de ovo. Ou trocaria tudo por uma baguette com camembert e não se falava mais nisso. Escrever sobre a experiência deu novo sentido à minha viagem — afinal, jornalista que não conta para os outros não é um vocacionado. De fato senti que aos 60 anos podia usar toda a experiência acumulada nessas pequenas crônicas do cotidiano, coisa que jamais ousei fazer. E assim me reinventei de outra forma, graças a Paris.

E, finalmente, a grande notícia do balanço dos 50 dias foi — soem os tambores, esqueçam o resto, nada tem importância diante deste fato crucial — os 160 degraus por dia me fizeram experimentar algo inusitado. Pensei que Paris ia significar pelo menos 8 quilos a mais depois da temporada. TCHAN, TCHAN, TCHAN, estava com 3 quilos a MENOS e até pensei em escrever o livro *A dieta dos 100 dias em Paris*, que teria apenas poucas linhas:

Coma de tudo;
Coma sem culpa;
Coma manteiga em vez de margarina;
Ande 4 horas por dia se perdendo pelas ruas;
Dance como se não houvesse amanhã;
Enfrente, no mínimo, 160 degraus por dia;
E seja feliz, mesmo que não perca nenhum quilo.

Ainda acho que seria um *best-seller*.

MANTECAOS
CHOCOLAT

Comer, rezar e amar ...

IN BRUGES

Aqui em Paris, os homens se beijam quando se cumprimentam e nem por isso são gays. Em Bruges, não vi isso não.

O TÍTULO FOI só para pegar os que se encantaram com o livro que narra a trajetória da americana que descobriu a comida na Itália, a religiosidade na Índia e o sexo em Bali. Minha trajetória foi diferente, mas com umas pitadas de comida, igrejas e paixão. Conto aqui, após fazer pequeno preâmbulo, e quem já leu algumas das minhas aventuras sabe que começo assim. Enrolando-os em um novelo para depois desenrolar. Pois bem, e aqui começa a "desfiação". Sempre quis conhecer Bruges, talvez por influência da pintura de Bosch — antes que me corrijam, sei que ele é holandês, mas foi através da pintura dele que descobri a tal escola flamenga, de pintores das regiões de Flandres e dos Países Baixos. E Bruges fica exatamente na região de Flandres, no norte da Bélgica. Esta é a parte intelectual da história. Os anos se passaram e sempre planejei ir a Bruges e jamais fui. Há poucos anos passou um filme, *In Bruges* (em português, *Na mira do chefe*), dirigido por Martin McDonagh, todo passado na cidade. É uma comédia inglesa por excelência, com muita matança, mafiosos, assassinatos. E eu morri de rir, especialmente porque ninguém no filme sabe onde é Bruges e todos os personagens, em algum momento, perguntam: "*What the fuck is Bruges?*". Pois bem, de Bosch ao palavrão, eu resolvi descobrir afinal *what the fuck is Bruges*. E consegui.

Cidade patrimônio da humanidade, com mais de 2 mil anos, é uma das mais belas cidades que visitei na minha vida. Não é aconchegante, porque o vento do Mar do Norte provoca um frio de rachar — mesmo na primavera. Embora viva do turismo, não é muito afetuosa com os pobres visitantes — tudo é escrito na língua flamenga, o neerlandês, que só é falado na Bélgica. Ou seja, ou se é filólogo ou ficará se perguntando "*what the fuck is Bruges?*" ao tentar decifrar as placas. Eles odeiam quando alguém fala em francês e entendem mal quando tenta em inglês. Alguns hotéis prometem e não cumprem, como o que fiquei e não recomendo: Hotel Academie. Mas tudo isso desaparece diante da beleza da cidade. A cada esquina uma igreja deslumbrante, uma fachada esplendorosa, algum museu interessan-

te, uma loja de chocolate de fazer salivar, um restaurante charmoso. É uma cidade para comer, rezar e amar... tudo.

A viagem é simples. Se estiver em Paris há vários trens para Bruges. A viagem demora duas horas e meia. E se der sorte, não terá o infortúnio de viajar com um grupo de turistas argentinos que fala sem parar a viagem inteira. Comigo aconteceu. Fiz shiuuuu, resmunguei, blasfemei, mas nada. Era uma conversa sem assunto interminável. Mas, *voilá*, era meu aniversário, estava indo para Bruges, OOOOOOOMMMMMM, mas bastaram dois segundos para o meu espírito zen se esvair. Só fiquei um pouco satisfeita quando um do grupo começou uma frase assim "o que me rompe...". E completei baixinho, mas com satisfação: "las pelotas? Ustedes..." Ele não me ouviu, mas curti meu xingamento em castelhano. Chegamos cedo em Bruges, mas o check-in era somente às 15 horas. Zen de novo. Saímos pela cidade eu e a minha amiga MIF e demos logo de cara com um lugar esplendoroso e cartão de vistas da cidade, o Lago do Amor... cheio de cisnes, charretes, cavalos imponentes e milhares de turistas.

Seguimos passeando pelas ruas. Não me perguntem nomes, detalhes, endereços, pois estava olhando para cima o tempo todo, fotografando, descobrindo as maravilhas da arquitetura da cidade. Mas todos os caminhos levam à praça principal, onde existe a Torre, construção do século XIII, elemento fundamental do filme *In Bruges* (veja, veja, veja, especialmente quando o poderoso mafioso vivido por Ralph Fiennes é impedido de subir na torre por um intolerante guarda). Eu ria sozinha diante dela. E o Ralph Fiennes nem estava por lá. Pecado. Você pode subir na torre, mas eu vi no filme, são 365 degraus. E, além disso, já fiz um juramento na minha vida: não subo em mais nada, pois o cansaço, o resfolegar, a falta de ar e a dor nas pernas não compensam a visão de cima, nem mesmo do paraíso.

A cidade é cortada por canais e todos sugerem fazer um passeio de barco. E aí existe meu outro juramento: de barco, nunca mais. Como sou vacinada, missão abortada. Os canais são estreitos e tudo o que se pode ver da água, pode se ver sozinha por terra. Os turistas formavam filas, saíam alegres e voltavam macambúzios e mortos de frio. Andamos sem parar pelas ruelas, nos perdemos em praças, que descortinavam novas praças. A cidade é pequena, mas labiríntica. Um trajeto que fizemos em mais de uma hora no primeiro dia foi facilmente traçado em dez minutos no segundo, quando já estávamos íntimas da cidade. É claro que paramos em várias lojinhas — grifes famosas, grandes magazines, lojas de quinquilharias, sapatarias, tudo o que uma mulher gosta, especialmente quando o frio e a chuva apertam, o que acontece pelo menos uma vez a cada hora.

No segundo dia, que era meu aniversário e Dia das Mães, começamos pela cultura, que sempre é bem-vinda. Vimos uma bela exposição de gravuras de Picasso, Miró, Chagall, Matisse e Rodin. Onde? Você vai achar. Em guias de viagem ou no site: www.expo-brugge.be. Como sou boa, embora nem sempre pareça, aviso: é em frente à igreja que tem uma Pietá de Michelângelo. Não entramos na igreja, era paga (não gosto desta prática) e estava lotadíssima. Como disse, em cada esquina você cruza com turistas do mundo inteiro. Em compensação caímos em um restaurante maravilhoso, com nome e endereço impronunciáveis: o Tschrijverke (Gruulthusestraat 4 — www.tschrijverke.be). Se conseguir soletrar, merece ir lá. Uma das curtidoras do site havia me escrito e dito que tinha visto um documentário sobre a cidade e que o must da culinária local era *joue* de porco — a bochecha do porco. Entramos no restaurante, pensei em comer um atum, mas invejei tanto o prato da vizinha (gordo faz cada coisa), que perguntei ao garçom que explicou que era exatamente a tal *joue*. Melhor não contar em detalhes, talvez você fique com muita inveja, não sei, sei lá, mas como o induzi a ler com o tal título comer, rezar e amar, confesso: é de comer e amar cada pedaço, e me perdoem a heresia, rezar um pouquinho ao final de cada garfada. É deliciosamente tenra a carne, e saborosa.

Dois dias bastam em Bruges. Mais do que isso começa a cruzar com as mesmas pessoas nas ruas e elas são até capazes de falar com você — em neerlandês.

Voltamos para o hotel, depois de andar mais algumas horas por praças, vielas, beira dos canais, enfim, tudo o que faz Bruges ser conhecida e procurada. Estávamos decididas a dormir cedo, afinal, o aniversário havia sido comemorado de forma perfeita e na manhã seguinte acabava a nossa excursão "*what the fuck is Bruges?*", pois pegávamos o trem às 6h20 da manhã. Em algum momento do dia um aplicativo do meu celular avisara que meu telefone estava com a hora errada. Acertei-o e tudo bem. No hotel decidimos colocar dois celulares para despertar às 5h15. MIF acertou o seu pelo meu. Puxamos as coberta, demos boa noite, bom aniversário mais uma vez, ela dormiu e eu fiquei rolando na cama horas — coisa inédita nos meus 60 anos, recém-completos. Só fechei os olhos à uma hora da madrugada e poucas horas depois o relógio soava. Acordamos, nos arrumamos, descemos e descobrimos que o táxi que havíamos reservado não estava nos aguardando. Acordei o recepcionista, meio brava, e ele me olhou com desprezo — mas como os flamengos são mesmo assim, tão mal humorados que fazem os franceses parecerem cariocas, nem liguei. Ele chamou outro táxi e saímos noite adentro. Chegamos à estação de trem rigorosamente no horário: 4h25 da manhã. Eu havia acertado o relógio, não sei bem o porquê, exatamente quase duas horas a mais. Não havia tido insônia, apenas não consegui dormir às 8 da noite.

A senilidade chegara mais rápido do que imaginara. Melhor idade, *my ass*. Enquanto esbravejava comigo mesmo — e não ouvia nem um pio de reclamação da brava MIF, uma santa — olhei ao redor, a estação vazia, sem guardas, sem bêbados, mendigos, punks e afins e pensei: "*What the fuck is Bruges?*" — é a única cidade do mundo em que você é cercada de belezas inenarráveis e pode se dar ao luxo de ficar em uma estação de trem absolutamente segura às 4 da manhã. Um luxo, não é mesmo? Abri um pequeno pacote de chocolate belga, é claro, e comi, rezei e amei mais uma vez.

Feliz aniversário para mim. E assim acaba o novelo.

Perene, moderno

E SEMPRE HAVERÁ PARIS

Aqui em Paris, ninguém toma Coca-Cola nem para curar ressaca. Se é que eles têm ressaca.

PARIS É UMA cidade que obriga seu visitante a andar muito. E, nos poucos momentos de descanso, a refletir sobre o que ela tem que atrai mais de 30 milhões de turistas por ano, um sem-número de emigrantes e algumas centenas, como eu, que resolvem "dar um tempo" na cidade. Pensei muito sobre isso, especialmente porque antes dessa temporada dos 100 dias, a cada viagem sempre dei uma passadinha por Paris. Frankfurt, Istambul, Paris; Moscou, Berlim, Paris; Copenhagen, Moscou, Paris. O que me fez voltar tanto? O que me fez querer ficar na cidade mais de três meses? A perenidade, com certeza. A certeza de que certas coisas jamais mudariam: a beleza da cidade, a única que, em se olhando 360 graus, é linda, o pão crocante das *boulangeries*, o mil folhas das *pâtisseries*, as lojinhas do Marais, os óculos do Alain Mikli, o sorvete do Bertillon, os menus dos restaurantes, os queijos fedorentos das *fromageries*, as milhares de opções de cinema e exposições a conferir após ler o *Pariscope*. Enfim, uma tranquilidade que foi resumida em *Casablanca*, o filme: sempre haverá Paris.

Não conheço um brasileiro que não refaça caminhos prediletos em Paris em busca daquilo que conheceu quando esteve pela primeira vez, para manter o fascínio que a cidade exerce sobre nós, que somos tão jovens diante de uma civilização tão antiga. Também não conheço um brasileiro que deixe de ver a Mona Lisa, mesmo que diante dela esteja um batalhão de gente com suas máquinas poderosas. Não conheço ainda quem não tenha subido pelo menos uma vez na Torre Eiffel. São símbolos que permanecem vivos no imaginário de todos, que sobreviveram às guerras e à destruição.

Para alguns, certas coisas são novidades. Meu amigo DB, cearense, jovem, que me jurou que adorava queijo, foi obrigado por mim a experimentar um pedaço de camembert, que cheirava como um tênis de adolescente. O que aconteceu se resumiu no relato que fez pelo telefone para a namorada JP, que havia ficado em Fortaleza: "A Tania me deu um queijo podre e o fedor ficou grudado na minha goela". Na

próxima vez, tentarei *reblochon* (aquele que, além do cheiro, tem gosto de tênis de adolescente). Tenho certeza, porém, de que até isso ele vai lembrar, assim como os biscoitos bem amanteigados, os chocolates supercremosos, os sorvetes, os crepes — que amou. "Aqui se come muito bem" — constatou no segundo dia.

Se algumas coisas são perenes, as novidades também chamaram a minha atenção. Hábitos mudados, por exemplo: os motoristas de táxi não andam mais com um cachorro no banco da frente, embora não gostem muito, mesmo agora, que alguém sente a seu lado. Nunca vi tanto restaurante japonês bom e barato, é uma febre asiática — tanto nos turistas como nas comidas. Com leves adaptações, eles incluem menus no seu cardápio (seis guiozas, arroz, salada e sopa), além de yakitori (espetinho) de queijo. Também notei imensa população muito orgulhosa de sua origem, como a responder aos ataques xenófobos: africanos ostentando com orgulho suas estampas coloridas e tradicionais e mulheres com imensos turbantes coloridos; árabes vestidos a caráter — homens com túnicas, barretes e mulheres de véu — coisa que há vinte anos não se via, mesmo com uma grande população árabe no país, a herança do passado colonialista. Nem a lei antivéu de Sarkozy conseguiu frear o orgulho muçulmano e a sua contrapartida — a fúria antimuçulmana. Os africanos que, nos anos 90, vendiam bolsas pelas ruas, agora vendem bugigangas, mas a barganha continua a mesma: uma Torre Eiffel de metal barato, que DB comprou, custou 20, 17, 14, 10, para finalmente ser vendida por 7 euros, mais três chaveirinhos de brinde. Quando duas pontes ganharam cadeados colocados pelos apaixonados? Um novo ritual que virou uma tradição. Ruas que já foram bacanas agora sofrem a crise do euro que esmaga a Europa, com exceção da Alemanha, que dá as cartas. O desemprego se faz evidente nas pessoas dormindo na rua, em lugares como a tradicional Place des Vosges, assim como nas que pedem dinheiro no metrô, após longas explicações sobre a política do governo. E você vai dizer, "mas isso não é novidade". Não é mesmo, mas eles proliferam mais e mais. Assim como os músicos que tentam ganhar um dinheirinho tocando mal ou bem os mais inusitados instrumentos.

Ou seja, entre a perenidade e a novidade o coração balança por tanto tempo que se quiser. Mais uma coisa nos garantirá que estamos em Paris: a eterna ranzinzice dos parisienses. Chega a ser fascinante. Vi longas discussões sobre o assunto que sempre chegaram à mesma conclusão: os franceses são macambúzios por natureza. Não é à toa — e mais uma vez uso a linguagem — que quando perguntados se está tudo bem, eles respondem: "*pas mal*", ou seja, não está mal. Nós, os de fora, que dizemos "tudo ótimo" parecemos estar sempre tão felizes. Eles, sempre um pouquinho insatisfeitos. As exceções são muitas e justificam a regra — conheci alguns franceses muito simpáticos e bem-humorados. Para nós, assim acredito, ficou decretado, que ao atravessar o oceano seremos felizes e não nos aborreceremos em euros. E afinal, sempre haverá Paris, pelo menos para nós de *là-bas*. Já falei sobre isso, mas não custa repetir.

E viva a felicidade cabocla!

Dinheiro, luxo
E MIYAKE

Aqui em Paris, em matéria de elegância, menos é mais. E em matéria de deselegância, mais é pouco.

SOU DE FAMÍLIA classe média, nasci em Niterói, filha de pai funcionário público e mãe do lar. E não tenho problema algum com isso, ao contrário, acho que eles me deram valores essenciais, e me ensinaram a importância da educação e do trabalho. Meu pai Adalberto era uma pessoa que gostava das coisas boas que a vida podia oferecer — como *marron glacé*. Minha mãe era pé no chão e economizava para meu pai delirar. Ela comprava banana e maçã na feira. Ele, uvas e cerejas. Ela andava de ônibus. Ele, de táxi. Minha mãe costurava suas próprias roupas, que eram simples. Meu pai também, mas seus ternos eram de tropical inglês e seus sapatos de cromo alemão. Herdei um pouco dos dois — mais dele, confesso — mas mesmo assim nunca tive fascínio pelo mundo dos ricos. E quem disse que as coisas belas e boas são privilégio dos ricos? Imaginação não tem preço. Até hoje me pergunto quão entediante deve ser todos os dias a sociedade carioca, paulista, mineira se encontrar em alguma festa (pelo menos assim noticiam as colunas). As mesmas pessoas, os mesmos assuntos e maquiagens, sapatos e roupas diferentes, mas semelhantes. E menos fascínio ainda pela nobreza europeia, e quem viu *Downton Abbey* sabe do que estou falando. Imagina o que é vestir fraque todos os dias para almoçar e jantar.

Não sei por que escrevi tanto sobre tudo isso. Ah, sei sim. É que não deixa de ser uma grande tentação andar pelas ruas dos ricos em Paris. Um dia, comecei minha experiência sócio-antropo-psicológica, mais uma vez de araque, pela Rue Royale, a que dá na Madeleine, e depois pela Rue du Faubourg Saint Honoré, onde estão reunidas todas as lojas que fazem a festa dos árabes, coreanos, chineses e brasileiros ricos. E tome de Prada, Hermès, Dolce & Gabana. Vou confessar: há alguns anos fiz este mesmo tour com minha amiga VS e achei tudo lindo, embora os preços fossem além da imaginação. Hoje os preços continuam em um patamar absurdo, mas tudo me pareceu *over*, feio, exagerado, colorido demais, estampado em profusão, tachas douradas e prateadas nos sapatos. Será que o mundo se tornou uma grande

Miami e eu nem percebi? Mesmo na butique de Valentino — estilista que respeito e considero um ícone — tudo estava meio bizarro. Estranho também: no quarteirão dos ricos comerciantes e mais ricos consumidores, contrariando a maior característica parisiense, não existe um café, uma *boulangerie*, uma *pâtisserie*, só uma loja atrás da outra, cada uma mais sem graça e não de graça. Os seguranças proliferam e, pela primeira vez, vi manobristas, uma coisa absolutamente rara para os padrões europeus.

Estranho, nem parecia Paris. Talvez eu seja muito classe média para admirar um vestido exagerado de 6 mil euros, uma bolsa horrenda de 8 mil euros e umas vitrines sombrias que nem dava gosto fotografar. Tudo de grife. Li em uma pesquisa que as pessoas usam grifes para serem identificadas como pessoas que usam... grifes. Para mim, parece coisa de bobo: comprar uma bolsa de 16 mil euros que é falsificada no mesmo dia aos milhares na China. Ou um relógio de 18 mil euros para ser roubado no primeiro sinal de trânsito das grandes cidades brasileiras. Mas, repito, sou classe média, talvez não alcance o poder enfeitiçador dessas marcas só porque não tenho dinheiro para comprá-las. Mas continuo achando que estou mais para o preceito da Chanel: quando se vestir para sair, se olhe no espelho, tire a metade, aí estará bem-vestida. Sábia, sou admiradora, mas nem por isso compraria uma sapatilha por 400 euros na sua loja. Há quem diga que são muito confortáveis, mas não acredito que sejam sete vezes melhores do que a maioria nas vitrines de outras ruas menos votadas. Pior do que tudo foi ver lojas de casacos de pele — muito *démodées*. Cadê o meu molho de tomate? Quando vejo uma raposa (*renard*) no pescoço de alguém — ainda bem que hoje em dia vejo pouco — sempre fico com a sensação de que este alguém matou o gato da vizinha e enrolou no pescoço. Aqueles dentinhos entreabertos da raposinha me dão vontade de gritar de pavor.

Existe, porém, uma ilha de bom gosto no meio de tudo isso. A loja de Issey Miyake no 11 da Rue Royale. Arquiteto da forma, muito mais do que designer de roupas, sua nova loja (antes era na Place des Vosges) é colossalmente bela. Passeei pelas roupas como se estivesse em um museu. A gerente Catherine se aproximou, me perguntou de onde era a minha bolsa, que havia achado muito bonita — uma bolsa de neoprene, de esporte, azul com detalhes em vermelho, perfeita para viagem, mas nada de especial. Conversamos, disse que era brasileira, jornalista, que estava escrevendo sobre a viagem, ela me pediu o meu contato, me deu seu cartão e, ainda, quatro amostras dos perfumes novos do estilista — "para você não sair sem nada". E disse isso sem arrogância alguma, o que me encantou. Sou classe média, não tenho dinheiro para comprar, mas sei admirar o que é realmente belo. E isso ela percebeu.

Merci, papa!

Sem comunicação, sem cartão,
MAS COM UM MANTRA GENIAL

Aqui em Paris, todos dizem que o wi-fi funciona em todos os lugares. É mentira. O 3G não é lá essas coisas. E a Internet também cai.

EU NÃO ME aborreço em euros. Estou em Paris. Eu não me aborreço em euros. Estou em Paris. Eu não me aborreço em euros. Estou em Paris. Eu não me aborreço em euros. Estou em Paris. Eu não me aborreço em euros. Estou em Paris. Eu não me aborreço em euros. Estou em Paris.

Este é o mantra que repeti indefinidamente por dias, quando o universo começou a conspirar contra a minha sanidade e me fez passar por situações não dramáticas, mas chatinhas, que a gente não quer que aconteçam quando estamos de férias — mesmo que sejam 100 dias, ou seja, quase um semestre sabático. Lição: problemas acontecem em qualquer lugar e é difícil se livrar deles. Primeiro foi uma ida ao médico para averiguar um calombo que surgiu nas minhas costas, parecia um espinha e virou algo indefinido, mas definitivamente muito dolorido. O médico era eficiente, mas de uma grossura impressionante. Eu me senti como o Monk (espero que todos conheçam o detetive com TOC, que tem horror a bactérias e afins), totalmente paranoica quando entrava em sua sala e começava a ver ácaros, bactérias e vírus rindo para mim, que nem na vez em que fui à sauna da Mesquita de Paris. Tive a impressão de que eles se mudaram para o consultório só para continuar a me atazanar. Como ele, o médico, não o ácaro, não olhava na minha cara nunca, cada vez que ia lá tinha de me apresentar, dizer novamente que falava um pouco de francês e que meu único problema é que estava lá só para ele dar uma olhadinha e refazer o curativo. Foram muitos dias de antibiótico. Só pensava em Dr. RP, meu amigo, meu guru, meu médico a quem ligo no Brasil até para perguntar sobre unha encravada. Por que ele não estava em Paris? — me perguntava a toda hora. E a resposta era o silêncio, que atravessava a madrugada. Mudei o mantra. Isto não é música de Paulinho da Viola?

Eu não me aborreço em euros. Estou em Paris. Eu não me aborreço em euros. Estou em Paris. Eu não me aborreço em euros. Estou em Paris. Eu não me aborreço em euros. Estou em Paris. Eu não me aborreço em euros. Estou em Paris. Eu não me aborreço em euros. Estou em Paris.

Conformada com o fato de voltar ao médico amnésico mais vezes, de fazer malabarismo para tomar banho todos os dias sem molhar as costas por causa do curativo (aliás, ele achou estranhíssimo quando perguntei o que fazer na hora do banho, certamente ele pensou por que eu iria tomar uma ducha se voltaria em dois dias), eis que surgiu o segundo problema. A internet, o telefone e a televisão — todos interligados em mesmo plano ligado a uma operadora — saíram do ar. Um dia sem comunicação era sacanagem das boas. E eu que pensava que não ia ter problema algum deste gênero. Afinal, o Minitel foi lançado na França em 1982 e eu me lembro de ficar muito impressionada porque meus amigos franceses faziam compras, reservas para o trem, checavam a cotação das ações na bolsa de valores, a lista telefônica, e, ainda estabeleciam um chat similar com o criado uma década depois com o advento da internet. Tinha certeza de que em Paris iria ser tomada pela modernidade nas comunicações. Realmente me decepcionei com o wi-fi, com o 3G e também com a internet — que, apesar de rápida, caía. Onde foi que a França perdeu o bonde da modernidade?

Eu não me aborreço em euros. Estou em Paris. Eu não me aborreço em euros. Estou em Paris. Eu não me aborreço em euros. Estou em Paris. Eu não me aborreço em euros. Estou em Paris. Eu não me aborreço em euros. Estou em Paris. Eu não me aborreço em euros. Estou em Paris.

Aproveitei o dia para quase fazer voto de silêncio, li mais 200 páginas do livro de 1.000 que vinha me acompanhando na viagem, mexi em alguns textos que estavam semiadormecidos no computador, acessei meus e-mails pelo celular e seu 3G mequetrefe e eis que surgiu mais uma desventura. Recebo um e-mail da Airbnb me avisando que meu cartão de crédito não havia autorizado o pagamento do meu aluguel de Paris. Tive que fazer duas ligações para o Brasil, pelo celular francês, fiquei horas teclando dados e mais dados, aguardei na linha, e só pensando no que deixaria de comprar por estar gastando aquela grana com as ligações, quando recebi finalmente a confirmação de que o pagamento tinha sido considerado "suspeito". Suspeito? Já havia pagado dois meses o aluguel, por que só o terceiro era terrorista? Quando ouvi a mensagem "não desligue, responda à nossa pesquisa de satisfação", imagina o que fiz. Entoei o mantra aos berros.

Eu não me aborreço em euros. Estou em Paris. Eu não me aborreço em euros. Estou em Paris. Eu não me aborreço em euros. Estou em Paris. Eu não me aborreço em euros. Estou em Paris. Eu não me aborreço em euros. Estou em Paris. Eu não me aborreço em euros. Estou em Paris. Eu não me aborreço em euros. Estou em Paris.

Fiquei incomunicável um fim de semana inteiro. Como sou uma otimista incurável, me alegrei por não ter que ligar para a operadora, esperar horas na linha, anotar os diversos protocolos até a linha cair e começar tudo de novo. Gilles fez isso por mim e havia acontecido um problema, porque, segundo eles, eu tentara ligar para o Brasil pela internet, o que era proibido. Nem argumentei, zen e mais otimista ainda decidi que era só um treinamento para a volta ao Brasil, onde este tipo de problema é cotidiano. E, desde então, descobri o novo mantra para ser entoado em terras tropicais, porque sei o que me espera.

Eu me aborreço em reais. Eu me aborreço em reais. Eu me aborreço em reais. Eu me aborreço em reais. Eu me aborreço em reais. Eu me aborreço em reais. Eu me aborreço em reais. Eu me aborreço em reais. Eu me aborreço em reais. Eu me aborreço em reais. Eu me aborreço em reais

Tenho certeza de que você, solidário, enquanto lê está entoando o mantra também. Vem comigo, vamos lá: agora o pessoal da direita, o pessoal da esquerda, a turma do centro, todo mundo...

Amigos, irmãos
E CAMARADAS

Aqui em Paris, tem sempre gente amiga chegando. E indo embora. E chegando de novo.

AMIGOS QUERIDOS estiveram comigo em Paris. Vou confessar uma coisa: em algum momento, quando estava planejando a viagem, senti certa ambiguidade com relação a este assunto. Ao mesmo tempo em que sabia que ia gostar muito de vê-los, tinha medo de que eles se tornassem um hiato dentro da minha proposta de estar sozinha e descobrindo Paris. Coloquei algumas regras básicas: cada um só poderia ficar 15 dias; ninguém podia trazer mala grande e não sairia do meu quarto para ninguém. O resto era liberdade para todos de fazer o que quiserem.

Os primeiros a chegar, menos de um mês da minha partida foram meu irmão LC, meu amigo FG, minha amiga/irmã VS e o casal argentino L e V. Amo todos eles, cada um do jeito que são. Foi uma experiência interessante porque pude mostrar algumas coisas novas para eles, virei meio guia e amei. Eles ficaram muito pouco e me ressenti disso, e nos finais de semana que se seguiram senti bastante a falta deles. Nos dias de semana, por mais que eu estivesse de férias, havia criado uma rotina: dia de lavar roupa, dia de ir ao supermercado, dia de fazer as unhas, dias de me perder nas ruas e fotografar e dias de escrever. Os finais de semana eram dias de nada e sentia mais falta dos meus amigos, com quem ia ao cinema, almoçava fora sempre no Brasil e que haviam ficado tão pouco comigo.

Sou totalmente sociável, mas de verdade é quase impossível fazer amigos em terras estranhas. Primeiro porque não abordo turistas na rua e pergunto: "Você é brasileira?" — na intenção de arrumar uma companheira de viagem. Ui, não quero mesmo. Aliás, sempre me lembro da resposta que um amigo deu em plena Londres um dia: "Sou brasileiro, mas não o conheço". Segundo, porque nem os franceses encontram novas amizades facilmente, ou pelo menos, assim deduzi, ao ver a quantidade de cartazes no metrô de sites para solteiros, para mulheres casadas, homens infiéis, clubes de amizades, clube do riso, academias de dança, tudo para proporcionar novos encontros. E senti no cotidiano que não era difícil, era impossível fazer amigos.

Então, quando os amigos brasileiros chegavam era só alegria. MIF, minha amiga/cúmplice/parente veio em maio e andamos que nem umas loucas pela cidade, às vezes em locais conhecidos, noutras nem tanto. Ela foi a minha guia de restaurantes, porque adora comer bem e voltar a lugares que conheceu d'antanho. Eu seguia. E comia. De noite, jantávamos em casa, víamos seriados no computador, falávamos bobagem e ríamos muito. Fomos também a várias exposições, ela gosta, eu também, porque víamos de uma maneira bem especial, passando pelas obras sem nos deter horas ou ouvir 60 minutos de um guia sobre cada peça. Passávamos, flanávamos e gostávamos. Ou não.

Maio foi animado. Apareceram também alguns amigos, de passagem não pela minha casa: BR, RS, HW, DB, NB — adoro este jeito proustiano de usar as iniciais, afinal, quem disse que meus amigos querem estar neste livro? Almoçamos, lanchamos, tomamos café, jantamos. Sempre a comida, mote de Paris, o que significou também alguns quilos a mais quando eles estavam e uma dieta detox quando eles partiram: arroz integral, lentilhas, tudo bio, como manda a moda na França.

Na Rue Gracieuse sempre coube mais um e recebi com carinho minha comadre SS e minha afilhada MP, que são muito amadas. Minha filha IG e o marido MS também vieram para ficar os famosos 15 dias. Com eles vivi momentos especiais, escutei muitas vezes a palavra "mamãe" e tive a oportunidade de conviver com o olhar da primeira vez, o olhar encantado, que tanto invejo, do meu genro. Aos 48 anos de idade ele se deslumbrou. Suas exclamações de surpresa me emocionaram. Ao ver o Louvre, não posso afirmar, mas acho que ele chorou. Biólogo, professor e especialista em museus de ciências, assim como minha filha, Paris teve um sentido ainda mais especial para eles. Com meu genro e minha filha — que estava em Paris pela quarta vez, mas afirmou que ainda se surpreendeu — revivi de certa forma a sensação que havia perdido naquela primeira vez e recuperado nos

100 dias: o deslumbramento absoluto. Espero passar para as próximas gerações — a pequena Alice, que chegará um dia ainda não certo, nem mesmo programado, vai ver Paris junto da avó.

Todos que passaram deixaram uma sensação de amor, carinho, solidariedade como só os amigos e uma família-amiga podem dar. E eu devo a todos "muito obrigada" pela imensa companhia que me fizeram nesta viagem meio solitária, mesmo em uma cidade com tantos milhões à volta, que resolvi inventar para mim mesma. Na solidão aprendi a conviver com meus fantasmas, superar os meus medos e ser muito feliz sem compartilhar. Com meus amigos ao lado reconheci o valor do bom papo, da alegria a dois, da divisão dos prazeres. Quando chegaram me acalentaram, mas como toda história tem dois lados, também me senti feliz por estar sozinha quando eles partiam: novamente dava as minhas caminhadas pelo nada com desejo de achar tudo. Talvez porque soubesse que logo outros iriam bater na minha porta.

Duas coisas, porém, poderiam mudar, meus queridos hóspedes: seria genial se todos falassem francês, assim eu não perderia o embalo momentaneamente de ser a Voltaire que sonhava. Segunda: deviam comer menos *baguette* — já que eles foram péssima influência para esta viciada nos prazeres da boa mesa.

Estão perdoados, porém, e nem precisam pagar penitência.

Louvre, Mona Lisa
E O CONSUMO

Aqui em Paris, as crianças vão ao museu desde criancinhas. E certamente entendem mais de arte do que eu.

A FRASE FICOU martelando na minha cabeça por dias: "O Louvre é maior do que o Shopping Iguatemi de Fortaleza". Ouvi por acaso, de uma pessoa querida, amigo de um amigo, que pela primeira pisava em Paris. Era um espanto gostoso o dele. E inusitado. Ele, pelo menos, gostara do Louvre e o shopping era só uma questão de referência. Diferente de uma pessoa do passado que um dia me perguntou por que eu gostava tanto de Paris. E antes que eu respondesse, o gajo deu por encerrada a conversa afirmando: "Eu não gosto de museu e nem de igreja, o que eu vou fazer em Paris?" Nunca mais conversei com ele, afinal, ele achava mesmo que eu ficava entrando e saindo de museu e igreja e mais nada? Na verdade, nem amo museus e igrejas por princípio. Não tenho paciência para visita guiada, não me ofereçam aquele aparelhinho que fica falando no meu ouvido o que estou vendo e nem me detenho muito tempo em cada obra. Igreja também não tem o significado religioso para mim, uma agnóstica, mas as construções me fascinam, especialmente as igrejas góticas (quem leu *Pilares da Terra* de Ken Follet entende o porquê). Em 100 dias vi muitos museus e muitas igrejas e com prazer. E tive um grande impacto ao pisar de novo no Louvre, após muitas décadas.

E o Louvre, afinal, é maior mesmo do que o Shopping Iguatemi de Fortaleza? Andei pesquisando e descobri que havia lógica na afirmação. O Google me informou que no Shopping Iguatemi "são mais de 300 lojas que reúnem o mais completo mix de compras, lazer e serviços de Fortaleza em mais de 90 mil metros quadrados". E ainda: "criado em 1982, vem sofrendo reformas desde 2002 ampliando em cinco andares os estacionamentos e inaugurando um multiplex". Bem, e o Louvre? "Com cerca de 210 mil metros quadrados, o Louvre é o maior palácio da Europa e o segundo maior edifício do continente após o Palácio do Parlamento Romeno. O primeiro "Castelo do Louvre" foi fundado por Filipe II em 1190, como uma fortaleza para defender Paris a oeste contra os ataques dos vikings. No século seguinte, Carlos V transformou-o num palácio, mas foram Francisco I e Henrique II que o ampliaram para construir um palácio real. Mais tarde, reis como Luís XIII e Luís XIV também dariam contribuições notáveis para a feição do atual Palácio do Louvre, com a ampliação do Cour Carré e a criação da colunata de Perrault. As transformações nunca cessaram na sua história, e a antiga fortaleza militar medieval acabaria por se tornar um colossal complexo de prédios, hoje devotados inteiramente à cultura". O Louvre recebe por ano cerca de 10 milhões de visitantes. Um, o shopping, é um templo de consumo. O outro, o museu, é uma catedral da arte.

Quando coloquei meus pés de novo no patrimônio da Humanidade foi com emoção que revi a Vitória de Samotrácia no alto da escadaria, e esta era uma recordação muito nítida da primeira vez em que entrei no Louvre. Naqueles tempos, nos anos 70, eu buscava cultura em todos os sentidos. Sou da geração que quem sabia mais era mais desejado/mais sexy, mais bonito/e mais popular. Ainda bem. Quando voltei ao Louvre busquei a sensação que procurei em Parias cotidianamente: olhar com novos olhos aquele acervo, parte dele, claro, porque não dispunha dos seis meses para ver absolutamente tudo.

Mas a frase ainda permanecia na minha cabeça e a correlação com o shopping se fez imediatamente, logo nos primeiros minutos. Lá dentro percebi que a ligação feita pelo jovem não era só referencial. Mesmo que ele nem soubesse disso, havia percebido a mesma movimentação e ansiedade que o consumo provoca. Hordas se acotovelavam pelos caminhos que levavam à Mona Lisa. Diante dela, o alvoroço aumentava. Se antes, os únicos empecilhos entre o admirador e a obra eram os turistas japoneses e suas Nikons poderosas, hoje são milhares de celulares, câmeras, tablets que se interpõem entre a contemplação e o consumo. Eu sou contempladora como alguns, mas a maioria consumia a informação rápida: "Eu vi a Mona Lisa". E partiam céleres pra novo ícone. Depois podiam até ir embora. E não vai aqui uma crítica às pessoas. Acho normal que todo mundo queira ver a Gioconda, talvez a pintura mais célebre do mundo e um símbo-

lo do Louvre, consequentemente, de Paris. Mas, se eu fosse autoridade, proibiria que ela fosse fotografada, massacrada, consumida como um hambúrguer.

A grande vantagem da popularidade da Mona Lisa e da Vênus de Milo — outra moça consumida como uma ex-BBB — é que o resto do museu pode ser visto com tranquilidade. Fui a lugares incríveis, salas esplendorosas, um acervo belíssimo de esculturas gregas e romanas; as maravilhas do Egito. Estive, ainda, na nova ala inaugurada em 2012, As Artes do Islã, que é bem bonita, e dei-me por satisfeita. Não sei quando e se voltarei, provavelmente sim. Ou não, mas o Louvre será sempre para mim um símbolo de que a humanidade é possível. E, embora me sinta cada vez mais, quando leio as notícias, num trem bala para a Idade da Pedra, quem sabe percorreremos novos caminhos e criaremos novas coisas fantásticas. Serão consumidas? Com certeza, mas algo sobrará para a pura apreciação.

Este otimismo me mata, mas o que posso fazer?

Fashion week, Naomi

E O DIABO VESTE CHANEL

Aqui em Paris, as mulheres não têm bunda nem peitos grandes: são longilíneas, retas e ficam bem com qualquer roupa. Salvo exceções. Os homens são narigudos, longilíneos, retos e ficam bem com qualquer roupa. Salvo exceções. Mas na Fashion Week, vale tudo.

EU IMPLICO MUITO. Por exemplo, implico com Ai se eu te pego/ Assim você me mata e se ouvisse mais uma vez em Paris, era capaz de ter um chilique. Tenho uma amiga que implica com o Bill Gates. Eu, porém, implico, mesmo depois de morto, com Steve Jobs. E parece que os dois sempre estiveram preocupadíssimos com este fato e conversavam sobre isto com frequência. "O que vamos fazer com aquelas duas?" Implico, sobremaneira, com as *Fashions Weeks* que acontecem anualmente no Brasil. Parece que elas não acabam nunca. As festas da moda bombam com as mesmas figuras de sempre, invariavelmente de preto e com óculos escuros. E fora de moda, porque afinal usam o que se estará usando seis meses depois. Ou seja, fora de moda.

Ao mesmo tempo, desde que cheguei a Paris me encantei com a elegância das mulheres parisienses. Para começar elas são magras e longilíneas por natureza — o que facilita muito. E se vestem com sabedoria, charme e minimalismo. Falo de gente no meio da rua. Você cruza com uma mulher de 45 anos de saia justa preta, uma blusa branca, um lenço jogado no pescoço, meias pretas e sapato de salto preto e ela está deslumbrantemente bela e sexy. Ou com uma jovenzinha, também com uma echarpe charmosa enrolada estrategicamente no pescoço e um sapatinho de boneca com uma meia de poá, charmosa como nunca. Ou senhorinhas, com um casaco impecável, assim como os cabelos brancos elegantemente em um coque. Fiquei observando-as diariamente com uma curiosidade imensa, pois não me canso de me espantar ao ver sessentonas de barriga de fora, quarentonas usando as roupas das filhas de 20 ou jovens embaladas a vácuo, com roupas tão apertadas que parece que a respiração será impossível. Onde? Ora, no Rio de Janeiro, em especial na Zona Sul, o que é mais imperdoável porque existe dinheiro e deveria haver ainda alguma cultura e elegância.

A moda na França é negócio de gente grande e movimenta bilhões de euros. E não é de hoje, como me mostrou a exposição *Haute Couture*, no Hôtel de Ville. Não era uma exposição com uma curadoria excepcional e tinha uma montagem por vezes inadequada, mas podia-se a acompanhar a história da moda mundial através de fotografias, croquis, vídeos e diversos vestidos de Saint Laurent, Chanel, Balenciaga, Lanvin, entre tantos outros monstros sagrados da alta costura. Na saída da expo havia dezenas de crianças aguardando com suas professoras para entrar. Moda é cultura e desde pequenos todos podem saber o valor da elegância.

Refletindo sobre isso, e vendo os comentários, após postar uma foto minha de capa, lenço colorido e umas *mitenes* de *cashmere* no Facebook, me deparei com uma observação da minha cunhada CC, que também passa longas temporadas na capital francesa: "Eu acho que em Paris todas nós, latinas, afinamos o olhar, aprendemos a nos vestir com a simplicidade típica das francesas e nos tornamos, muito, muito mais elegantes". Ela tem toda razão e acho que aprendi bastante por olhar todos nas ruas. Paris me deu mais esta oportunidade, aprimorar o meu olhar americano do sul e reforçar a certeza de que o minimalismo é tudo (não é à toa que as lojas de estilistas japoneses proliferam pela cidade). Já não sou muito de excessos e, mais ainda do que nunca, sigo o bom senso: um vestido é curto ou decotado ou justo. Escolha: um vestido colado, com decotão nas costas e na frente curtíssimo serve para outras coisas, como fetiche ou *trottoir*, que não têm muito a ver com elegância.

Então, pensei, é chegada a hora de ir à minha primeira *Fashion Week*.

Pois bem, perdi a virgindade e se é para isso acontecer só poderia ser em Paris, uma das quatro mais importantes do mundo: Nova York, Londres, Milão são as outras. E se é para ver algo de uma *fashion week*, que seja Chanel. Consultei a agenda on-line, vi que o desfile seria às 10h, coloquei o despertador, me fantasiei de jornalista — bolsa escondida na cintura, máquina na mão e fui em busca de ver as celebridades. Quase uma repórter da *Caras/Contigo/Quem*. Peguei o metrô com outros trabalhadores — cheio, mas nada insuportável e ninguém impedindo a sua saída ou entrada — e antes das 9h estava no Palais Royal. Nada na frente, tudo fechado, dei a volta no quarteirão até chegar ao lugar esperado, a entrada dos vips. Se tivesse dado a volta pelo outro lado seria enganada, pois havia uma entrada majestosa, com seguranças e uma plaquinha Chanel. Mas como fui pela direita, achei a entrada certa, onde se agrupavam os fotógrafos, cada um sentadinho em sua banqueta (que depois serviria para que eles ficassem acima dos mortais) e os seguranças. Aha! É por aqui que chegarão as verdadeiras *celebrities*, as vips de primeira classe.

Na porta, além dos parrudos homens de preto, havia diversas Emilies — se você viu *O diabo veste Prada*, dirigido por David Frankel, sabe do que estou falando. Se não, uma rápida explicação: as assistentes eram sempre chamadas de Emily pela poderosa chefe, vivida magistralmente por Meryl Streep. Em Paris as Emilies (com ie porque são francesas, *bien sur*) usam Chanel e esperavam ansiosamente pelos convidados importantes. Não eram muitos pela listinha que vi na mão de uma ou pelas fotos pequeninas que os seguranças seguravam. Vai ver que era para não chamar a Naomi Campbell de Iman. Aliás, será que Naomi apareceria por lá? Com o famoso perucão? Sou obcecada por perucas, não consigo tirar o olho, elas me hipnotizam, mas isso é outra conversa.

O aparato não era muito, cerca de 50 fotógrafos, vários tietes, alguns amadores metidos, como eu. A rua permanecia aberta aos carros e nem sombra de tapete vermelho. É um evento importante, mas nem por isso a cidade precisa girar em torno dele. Finalmente chegou a primeira vip, que logo enfiou o pé em uma poça de água. Quem? Não fazia a menor ideia. (Depois li no jornal que era Carole Bouquet, está acabadinha, ninguém se casa com Depardieu impunemente.) Ui, esta outra eu conheço: Anne Wintour, a poderosa editora da *Vogue*, inspiradora de *O diabo veste Prada*. Antes ela usava uma franja e um cabelo cortado Chanel, negro como a asa da graúna, a mesma tinta dos políticos brasileiros, antes liderados pela patativa do Maranhão.

Depois de mais velha, Anne conserva o mesmo corte, a mesma franja, só que está loura. A cara de chata continua a mesma. Vi um documentário sobre ela, *The September Issue*, dirigido por R.J. Cutler, e moldei a minha opinião: uma chata de galochas. Galochas de grife. Anne Wintour vestia Chanel, como convém ao diabo. Eu achei meio óbvio, mas o modelito se repetiu bastante. Não sei por que me lembrei de Carlos Kroeber, grande ator brasileiro, que tinha uma voz tonitruante e adorava contar uma história, que sua mãe servira um dia coelho na Páscoa e ele argumentara: "Mas mamãe, comer coelho na Páscoa é como comer Papai Noel no Natal". Fecha o pano. Para mim, vestir Chanel no desfile da Chanel me parece uma história parecida com a do Carlão. Ou não, afinal quem sou eu para entender de moda. Vai ver ela nem estava vestindo Chanel — mas que parecia, ah, isso parecia —, mas foi uma boa oportunidade para contar mais uma historinha que ouvi pela minha vida.

As famosas — quem? — foram se sucedendo. Cadê Naomi? Em vez dela, desceu maravilhosamente descontraída, de calça comprida e um paletó amassado, um cabelo levemente despenteado, um óculos escuros charmosos e um sorriso sem igual ELA, a mais maravilhosa de todas as modelos francesas — e não é a minha opinião, mas de Coco Chanel — Inès de La Fressange. Acho-a o máximo, ela reinventou o modo de desfilar, sua descontração na passarela marcou a trajetória das outras modelos, teve uma grife e perdeu para uma grande corporação — o que acontece no mundo da moda, com frequência — e hoje permanece designer de sapatos. Gostei mais ainda dela depois de ler seu livro *A parisiense*, que tem um humor maravilhoso: "Não é só a roupa que pode envelhecê-la, mas dizer que o Twitter é bobagem, que não sabe usar o Ipad pode colocá-la na categoria vovó". E amei-a mais ainda depois de minha amiga DB contar que ela é uma simpatia mesmo. Na próxima encarnação quero voltar Inès de la Fressange, morar em Paris — ela mora no 5 ème, na Place Monge — e ser linda e chique como ela. Pronto, falei!

E passou uma com cara lânguida, outra com cara mais lambida ainda, todas louras. E nada de Naomi. Um momento, porém, o alvoroço aumentou, assim como o número de seguranças. Como Chanel já morreu só podia ser alguém mega-super-über-vip. Uma vip realmente de primeira categoria. Os fotógrafos se assanharam. Uma tiete arriscou que só podia ser Anne Hathaway — acho que ela pensou que estava vendo o filme. Vi uma franja, uma ponta de cabelo preto e nada mais. Mentira. Vi passar também uma mecha ruiva bem clara. Tudo o mais foi encoberto pelos espadaúdos seguranças, os fotógrafos gritavam sem parar, o grupo entrou cercado por um *entourage* de seguranças particulares. Ora, ora, eram Naomi... e Rihanna. A de cabelos pretos e a de cabelos laranja. Nem sequer deram uma paradinha de um segundo, *noblesse oblige*, e levaram uma estupenda vaia de todos, inclusive minha. Adorei vaiar alguém na *Fashion Week* francesa. Já que não estava protestando no Brasil, levantei a minha faixa "abaixo o estrelismo" em Paris. Buuuuuuuuuuu!!!!!!!!!!!!!!!!!!

Hora de ir embora, as portas se fecharam e se vão aparecer mais celebridades, pouco me importava, não sei quem são mesmo. Dei a volta pelo Grand Palais e cheguei na entrada dos não vips. Por lá sobravam as aspirantes a modelos, os que queriam ser fotógrafos, as estudantes de moda, as que pensavam que entendem de moda, enfim, a turma do gargarejo. Poderia ter esperado a saída, mas aí seria pedir um pouco demais do meu esforço de reportagem. Hora de pegar o metrô de volta. Quando entrei, vi uma mulher negra alta, com um longo cabelo preto liso, uma franja que invadia os olhos, uma anônima naomi, bem mais sorridente do que a original. Dizem que do primeiro sutiã, da primeira transa, do primeiro fora ninguém esquece. Da minha primeira *Fashion Week*, esqueci imediatamente olhando as mulheres da vida real no metrô, que me comoverão sempre mais.

Velhos hábitos,
NOVOS MODOS E CAHUZAC

Aqui em Paris eles discutem sobre tudo em todos os lugares: nos restaurante, nas reuniões em casa e, especialmente, na televisão.

ATÉ CHEGAR em Paris todos os dias eu acordava, tomava café da manhã e lia o jornal, sentada em uma confortável poltrona, que parecia estar ali só para isso. Lia mais ou menos, porque os jornais foram ficando cada vez menos inspiradores, requentados, com análises para lá de pífias e manchetes idem. Velhos hábitos, porém, não se mudam. Afinal de contas, pensava, jornalista tem que ler jornal, o mínimo que ele pode fazer para se manter informado. Quando decidi partir, mudei a minha assinatura para a casa da minha filha e mantive uma virtual, crente que todos os dias iria ler as colunas que detesto, os editoriais que odeio e de dez em dez dias, uma reportagem que me interessasse. Não abri nenhuma vez a edição digital. No máximo dei uma olhada na primeira página do on-line e desliguei rapidamente. Quando me detive mais um pouco um dia no noticiário do Rio deu no que deu: acordei de madrugada com um pesadelo horrível, que minha casa havia sido assaltada e minha empregada sequestrada, e que só seria libertada se eu liberasse meu cartão de crédito com a senha. E no final aparecia o Bope cantando aos berros: Tropa de Elite/ Osso duro de roer/ Pega um, pega geral/ Também vai matar você.

Ainda bem que acordei em Paris. Mesmo assim meu coração bateu acelerado, os casacos pendurados atrás da porta quase ganharam vida, tornando-se vultos um pouco temerários. Levantei, conferi que estava tudo fechado — além da fechadura, cuja chave parece uma piranha com tanto dente que tem, ainda existem duas trancas. Eu moro no quinto andar e para chegar nele era preciso passar por um código que abria a porta principal e outra porta. Ou seja, quase inexpugnável. Minha amiga GP até explicou: “Eles morrem de medo dos alemães chegarem”. Procede. Só pode ser isso. Mesmo assim baixou uma insegurança carioca. Achei que melhor seria supervisionar as janelas — todas fechadas. Além disso, no parapeito das janelas há um monte de pequenas hastes pontudas de metal, o que impede que se caminhe nele. Para afastar gente, pensei eu, quando cheguei, com a paranoia habitual. “Para pombos, sua louca” — me explicou minha amiga VS. Ainda bem que tenho amigas sensatas.

Acordei e não li o jornal nunca mais. É fácil se manter informado em Paris, porque existem trilhões de jornais na televisão e incontáveis debates sobre tudo. Fiz questão de ligar a televisão todos os dias, pelo menos duas horas, enquanto cumpria os afazeres domésticos ou estava no computador, para conviver mais com a língua. Cheguei à França no auge da crise Cahuzac, o Ministro das Finanças de Hollande, que foi descoberto com a boca na botija — ou seja, ele que deveria fiscalizar a evasão da moeda, tinha uma conta na Suíça. Ele, constrangido, diferente do estilo que conhecemos (“não tenho, nunca tive”) era mais sincero, não mentia tanto, mas garantia que eram

somente 100 mil euros evadidos, mas todos afirmavam que o tipo de conta que ele tinha precisava ter pelo menos 2 milhões de euros. Durante dias, eu abria a televisão e só dava o Cahuzac. Demorei um pouco a entender o imbróglio, primeiro por causa da língua e porque os debates eram tão acalorados que não havia espaço para alguém fazer uma suíte — jargão jornalístico que designa um resumo dos fatos. Era joga pedra na Geni direto. Um dia, porém, assisti a uma entrevista do próprio, com a maior cara de pau, e feliz fiquei ao ver que jornalista francês não tem medo de fazer pergunta e nem puxa o saco do entrevistado. Além disso, após o jornal e o debate há ainda um humorista parodiando todos os políticos, inclusive o presidente. E, só para concluir, Cahuzac sifu.

Quando abandonei a leitura dos jornais descobri que velhos hábitos são para ser mudados, quando isto é necessário. Espero continuar assim. Pode ser que seja que nem criança depois da colônia de férias: volta disciplinada, arruma a cama todo o dia (o que não faço no Rio, em Paris e nem em Hong Kong) e depois de uma semana já bagunça tudo de novo. Espero continuar a pensar que serei capaz *ad infinitum* de criar novos modos, o que é extremamente difícil para uma taurina que odeia mudanças. Ou será que odiava? De vez em quando até mudei trajetos familiares. Um dia, segui a luz que iluminava o Pantheon, como encantada pelo flautista de Hamelin, e peguei um caminho que pensava ser desconhecido. Não era, refiz um trajeto de 1975, quando estive na cidade pela primeira vez. Foi emocionante rever a pedras do caminho, mas foi interessante também chegar em casa por outro lado, até então desconhecido. *Baby steps*, mas que significaram muito para mim. Só não muda quem morreu. E eu espero continuar atrás do trio elétrico por muito tempo.

E você?

Querência, precisância
E O ÚLTIMO BALANÇO

Aqui em Paris, usar os cabelos naturalmente brancos não ofende ninguém. E nem é sinal de velhice ou desmazelo. *J'adore ça.*

VOCÊ ESTRANHOU essas palavras? MP, minha amiga de todos os momentos, foi quem me ensinou. Ouviu de uma aluninha e anotou na sua agenda no primeiro dia de 2013: "Não é uma questão de precisância, é de querência". Esta menina é quase uma Guimarães Rosa, não acha? Em meados de 2013 inverto as palavras um pouquinho e digo que ir embora de Paris não é uma questão de querência, mas de precisância.

100 dias em Paris!

Se a ideia primeira era viver em uma cidade que amava, tentar vê-la com olhos de morador e não do turista que perambula — e que mesmo assim é um felizardo, como fui tantas vezes — posso dizer que fui 100% bem-sucedida. Hoje conheço Paris bem, sei andar pelas ruas; pegar o ônibus certo; fugir do metrô quando estou calmamente flanando; usar o metrô quando tenho pressa; sei comprar o que há de melhor na feira; sem maiores estoques, aprendi que o melhor é comprar comida todo dia para aproveitar o que é bom, fresco e da temporada. Sei escolher entres as mil e uma opções do Picard, quando a paciência é pouca para enfrentar as panelas. Certamente sou uma pessoa como as outras do meu *quartier*: me visto adequadamente — faça chuva ou faça sol um lenço no pescoço é indispensável. Apendi que ir à lavanderia não é um bicho de sete cabeças, e nem lavar camisetas em casa e espalhá-las para secar no espaço exíguo da minha mansão. Posso manter meus *hobbies* em Paris, em Londres, em Tegucigalpa — sempre haverá algum ser dançante no pedaço. E, como boa parisiense-carioca posso receber os amigos e com eles perambular como turista, o que fui e serei ainda tantas vezes. Eu sei hoje que posso viver onde quiser e manter velhos hábitos, assim como aprender novos.

Além do lado prático da vida, acho que viver em Paris revelou outro lado meu que desconfiava ter desaparecido: a ousadia, a coragem, o ímpeto. Quando vim sozinha a primeira vez não falava língua alguma e muitos que me conheciam acharam de uma ousadia incrível. Os anos passaram, e pensei, depois de um período em que andei muito triste, quase em pânico, que não conseguiria nunca mais ser

ousada. Ao assumir os meus medos, me esqueci de que tudo tem outro lado. Não gosto de roda gigante, de montanha russa, de gripe (será pneumonia?), de motorista que pisa fundo no acelerador, de fechada de ônibus, de águas profundas, de escuro. Mas nunca tive temor de me arriscar em novas empreitadas, de viajar de avião, de encarar o desconhecido ou de me reinventar. Hoje sei que convivo bem com esta ambiguidade. Sou medrosa e corajosa, tudo na certa medida.

Pode parecer ninharia, mas viver 100 dias em outra cidade, sozinha, foi o meu atestado de autossuficiência recuperado, a prova de que nunca se está velha o suficiente para ser jovem de novo. No território das sensações podemos ser sempre crianças com olhar encantado ou adolescentes ávidos por emoções novas. Hoje me sinto realmente uma adolescente, mesmo com meus cabelos grisalhos por opção, que fez o primeiro intercâmbio. Voltarei para casa mais segura das minhas possibilidades que, mesmo na minha idade, são infinitas.

Posso nem repetir mais esta experiência, mas sei que posso, e isso é absolutamente fascinante. Pode ser que se torne um modo de vida, 100 dias na Toscana; 100 dias na Austrália; 100 dias na Escandinávia, 100 dias pelo mundo. Quem sabe? Eu não sei, e nem pretendo saber agora. O futuro que tenho na minha frente dirá. Por enquanto deixo a vida me levar pelos caminhos que descubro, me perdendo e me achando — sempre a razão de viajar.

Nos dias que antecederam a partida fiquei triste? Não. Alegre por estar voltando, também não. Vivi o momento sabendo que dias depois seria diferente, mas também igual a tantos outros que já havia vivido. Nos 100 dias, de certa forma parei a minha vida, criando uma vida paralela, infinitamente melhor do que a primeira por motivos triviais. Uma coisa meio *Matrix*. Afinal, em Paris, sem problemas, sem reclamações intermináveis pelo telefone, sem trânsito, sem horários, sem chatices — nada podia ser melhor. Quando chegou quase a hora de voltar, descobri que tinha problema maior a resolver do que me deixar levar por sentimentos: as malas.

Eu, que havia sido tão comedida nos primeiros meses, afinal nem sabia se o dinheiro ia dar, enlouqueci nos últimos dias — questão de querência, não de precisância. Saí comprando nas liquidações para mim e para as minhas amigas — sou "produtora" informal da MIF e da VS, conheço seus gostos, seus tamanhos e suas querências (vou usar sem parar, porque ADOREI). Resultado: três malas, cerca de 80 quilos. Quanto deve pesar a minha saudade? Uns 40, certamente. Tudo fechado, com cadeado para não sucumbir a novas tentações, decidi o que faltava e concluí que na mão levaria só uma malinha com computador. Odeio aquele povo que viaja na cabine com malinha, frasqueira, sacolinha de plástico, berimbau e uma jaulinha com um hamster só para ocupar o armário em cima da minha poltrona, porque o dele já está cheíssimo. Farei a fina. Entrarei na classe econômica, mais conhecida como "a tigrada" (*copyright by* MIF) como se estivesse na primeira classe. E se tiver que pagar mais pelo meu surto consumista, *voilà*.

É inevitável que um clima de despedida tenha se instalado — o que não quer dizer infelicidade. Só constatação. Vou sentir falta da minha casa em Paris, com certeza. Minha casa eu só pude dizer na vida de dois lugares: o lugar onde morava e a casa da minha mãe — que sempre é um pouco da gente. Há mais de dez anos moro na casa que foi da minha mãe e brinco que só sairei de lá direto para o cemitério. Ou seja, a perfeição: resumo em uma só casa a saudade dos tempos da adolescência e a agradável sensação da maturidade. Adoro a minha casa no Leblon. Mas, sem dúvida, também adorei voltar para a minha casa no 5 ème. O apartamento de Isabelle e Gilles será para sempre a minha casa. Sabe aquela sensação reconfortante de fechar a porta e deixar o mundo para trás? É o que senti todos os dias quando entrava *chez moi*. Ou seja, a minha casa depende somente de eu estar dentro dela. E pode ser em qualquer lugar do mundo — e isso dá uma sensação de liberdade e desapego muito grandes.

E do que mais sabia que sentiria falta? Com certeza: das ruas de Paris; da farmácia da esquina eternamente abarrotada de brasileiros e asiáticos que, embora fuja dela diariamente, "garrei" certo amor; dos cinemas; das gostosuras; das festas de *west coast swing*, nas quais levei um pouco de chá de cadeira, mas, como disse, sabiamente uma das seguidoras do Facebook, em Paris tudo é melhor, até não dançar tanto quanto gostaria. Se alguém mais jovem estiver se perguntando o que é chá de cadeira, mato ou morro.

Voltei para o Brasil, para o meu trabalho e para a minha pequena e querida família nuclear — irmão, cunhado, filha e genro — e para minha enorme família de primos, amigos, filhos por ligações de amor, netos emprestados e amados, amigas mais do que amigas, irmãs com certeza. As que passaram pela minha casa me alentaram, como sempre. Muitas amigas e amigos, mais de 4 mil, que nem conheço, foram fiéis aos 100 dias — o site, o face — e ficaram junto de mim, comentando tudo. Uns permanecerão, outros partirão, mas todos foram companhias fundamentais nesta jornada parisiense.

Alguém vai dizer que estou parecendo o Sílvio Caldas, que não acaba nunca a despedida. Vai ser assim, sim. E não reclama. Quem é Sílvio Caldas? Google nele.

Então, me deu vontade de fazer uma lista de quase tudo que foi importante nestes 100 dias. O Facebook no Brasil tem o curtir e o desfazer. No francês há o enfático *j'aime* (amo) e o definitivo *je n'aime plus* (não amo mais), que achei geniais. E aqui faço a minha lista do que amo e não amo, que é um resumo desta longa jornada Paris adentro. O verbo vai no presente porque jamais será passado:

- *J'aime* a minha casa na Rue Gracieuse, no 5 ème, o melhor lugar que alguém pode ficar, perto de tudo, com uma feira genial na esquina, a Mouffetard do lado, que é uma das ruas mais animadas de Paris, dois supermercados e uma Picard, a loja de congelados que é a melhor amiga de todas as mulheres.

- *J'aime* os donos do apartamento Isabelle e Gilles, que fizeram tudo para tornar a minha jornada tranquila, e, mais do que isso, se tornaram amigos: convidaram-me para jantar duas vezes em sua casa, me fizeram conviver com seus adoráveis filhos Anais, Lucille e Valentim e quebraram galhos inacreditáveis, como sair à meia-noite para comprar insulina para meu genro ou marcar hora em um dermatologista para mim, quando não aguentava mais o tal quisto nas costas. Minha última noite foi com eles, merecidamente, em um jantar num lugar bacana de Paris.

- *Je n'aime pas* o fato de não ter feito mais amigos por aqui. Tirando o casal, convivi pouco com os franceses, mesmo frequentando aulas de dança, o que permite a sociabilidade. Mas, *voilà*, é assim mesmo. Se é difícil conhecer gente nova na sua terra, na dos outros, que não olham muito na sua cara, é pior ainda. Acho que devia ter aceitado o convite do motorista de táxi que me cantou, mas isso são águas passadas, não se fala mais nisso, combinado?

- *J'aime* os pães. Todos. Em francês existe o partitivo, e quando se refere à comida você tem que sempre usá-lo para deixar claro que não quer tudo o que existe no mundo daquela iguaria. Então, o certo é: eu quero "*du pain*". Inverto a gramática e afirmo. Eu quero pão (*Je veux pain*), pelo menos todo o pão da França. E quero manteiga também.

- *Je n'aime pas andouillette* — uma iguaria feita de intestino grosso de porco. Arghhhhh!

- *J'aime* conviver com minha família francesa, Stephane, Renata, Sebastien, Claudine, Stella, Lucas, Tom, que me abrigaram e acarinharam.

- *Je n'aime pas* deixá-los.

- *Je n'aime pas* os vendedores que dizem *desolé* para em seguida avisarem que não têm o produto.

- *J'aime* os óculos de Alain Mikli na Rue de Rosiers, aliás, adoro esta rua inteira, assim como o Marais, o melhor lugar para se passear em um domingo.

- *J'aime* as exposições no Instituto do Mundo Árabe, vi duas espetaculares — as Mil e Uma Noites e Teorema de Nefertiti.

- *J'aime* o *Pariscope*, que há 40 anos, me indica o que há para ver em Paris e somente custa 50 centavos.

- *J'aime* ir ao cinema, em especial com um cartão fidelidade que me faz pagar 30% a menos do preço.

- *J'aime*, ou melhor, *j'adore* andar pelas ruas de Paris sem rumo, olhar para o lado e me surpreender, pegar caminhos inusitados, descobrir uma esquina, um impasse (beco sem saída), uma escultura, ou até mesmo a Torre Eiffel. Um dia andei por uma rua que não conhecia e de um momento para o outro dei de cara com a Tour e foi inacreditável.

- *J'aime* ter perdido três quilos nos dois primeiros meses aqui.

- *Je n'aime pas* ter encontrado três quilos na boulangerie da esquina nos meses seguintes.

- *Je n'aime pas* ter que encerrar esta lista para não me alongar muito e *je detèste* ir embora, mas a precisância se faz mais forte do que a querência. E a certeza de que irei voltar me dá alegria e esperança.

À tout à l'heure Paris. Até daqui a pouco, Rio de Janeiro.

Aqui em Paris, ici à Paris,

TOUJOURS À PARIS

Aqui em Paris, a vida é muito diferente.
E eu adoro!

AQUI EM PARIS, as pessoas bufam, mesmo quando estão imersas em seus pensamentos.

Aqui em Paris, comer é um ritual sagrado. Mesmo assim há os ateus que enchem o Mac Donald's.

Aqui em Paris, não existe nada melhor do que pão com queijo e, para quem gosta, tudo regado a vinho nacional.

Aqui em Paris, eles falam sem parar: nas ruas, nos ônibus, na TV. Mas é uma tagarelice profunda.

Aqui em Paris, os doces têm pouco açúcar e os salgados, pouco sal, o que é maravilhoso para a saúde. Em compensação, cada garfada tem 200 gramas de manteiga, o que é maravilhoso para o paladar.

Aqui em Paris os prédios têm código e só depois que as pessoas entram é que conseguem que acessar o interfone. Mas este código é dado para todos que vão à sua casa, desde amigos até o entregador do Carrefour.

Aqui em Paris, as pessoas sentam nas mesas dos bares na calçada como se estivessem no cinema, lado a lado, e bem juntinhas. Afinal, o filme Paris é bom, não é mesmo?

Aqui em Paris, o cinema não tem lugar marcado. E ninguém senta juntinho.

Aqui em Paris, não é piada: as pessoas dizem *uh-lá-lá*, muitas usam boinas, tudo que já virou caricatura dos franceses.

Aqui em Paris, *ça va* serve para muitas perguntas e respostas. *Ça va? Ça va!*

Aqui em Paris, o contato visual é difícil.

Aqui em Paris, você pode ir dez dias seguidos a um restaurante que ninguém vai te dar tapinha nas costas. Eles jamais te reconhecem e voltamos assim ao item anterior.

Aqui em Paris, ninguém desperdiça comida. Quem passou por guerra sabe o que isso significa. Então, eles compram um bife, uma cenoura e duas fatias de presunto, o que for necessário para uma refeição.

Aqui em Paris, jamais peça pizza cortada à francesa. Não existe.

Aqui em Paris, toda mesa de restaurante tem pão, mas é para ser comido com a comida e não antes. Fome é para ser curtida.

Aqui em Paris, eles comem tudo e ainda raspam as sobrinhas do molho exatamente com o pão.

Aqui em Paris, todo mundo come andando pela rua. Adoro.

Aqui em Paris, em caso de descontentamento simplesmente bufe e vá embora.

Aqui no Rio, vou sentir falta de tudo isso.

Despedida, aves gorgeantes

E ALEGRIA

Aqui no Rio, vou sentir falta de tudo isso.

EU QUERIA FAZER uma crônica bem humorada de despedida, mas olho os vestígios da partida pela casa e meu coração se abotoa (olha eu citando e revertendo o brilhante Ruy Guerra em *Fado tropical*). Malas espalhadas pela sala, somente um ovo, duas fatias de pão de forma, um restinho de manteiga, um fundinho na garrafa de leite entristecem a geladeira, outrora cheia de queijos, presunto, salmão e outras gostosuras. É, não tem jeito, hora de partir. Finjo que ainda estou em Paris, mas o meu inconsciente me fez acordar às cinco horas da manhã. Maldita ansiedade. Estou e não estou na cidade, porque dentro de mim a partida já começou há alguns dias. Não gosto de despedidas, nem as corriqueiras, muito menos a derradeiras. E ao longo da minha vida desenvolvi um mecanismo de só ter saudades daquilo que não posso ter mais: o brilho nos cabelos e a esperança no amor eterno da minha juventude; a certeza de que minha mãe e meu pai estariam sempre presentes; o *frisson* de uma paixão arrebatadora. Que curioso. Paris me fez ter, nesses quatro meses, esse prazer da paixão. Nada mais me importava a não ser viver na cidade. Ou seja, é hora de desabotoar o coração. Paris estará sempre no mesmo lugar. E eu pretendo não envelhecer o suficiente para deixar de sonhar e de realizar os meus desejos. Não é adeus, é um até breve, o que me anima.

Podia cantarolar uma música para me alegrar mais ainda, e muitas passam pela minha cabeça, mas somente o exercício de me recordar de uma que combinasse com o clima do momento me fez lembrar de Tom Jobim. Uma vez, quando estive em sua casa no Jardim Botânico para uma entrevista, o maestro soberano me disse algo definitivo sobre como era viver dividido entre Nova York e Rio de Janeiro: "Tudo o que é bom lá, é uma merda aqui. Tudo que é bom aqui, é uma merda lá" — uma versão mais moderna e menos graciosa, digamos assim, da Canção do Exílio de Gonçalves Dias, "as aves que aqui gorjeiam, não gorjeiam como lá".

Tom, você tinha toda razão. E foi com esse pensamento que dei minha última caminhada por Paris, olhando as aves de cá, pensando nas aves de lá. O que é bom em Paris? A paisagem deslumbrante, a cultura que exala em todos os lugares, a cidadania expressa cotidianamente, manifestações na sua maior parte sem pancadaria, a elegância discreta de suas meninas, o charme narigudo de seus meninos, a veneração ao bem comer e beber, o perfeito funcionamento dos transportes públicos, as criancinhas de mãos dadas e em perfeito silêncio nos museus, a quantidade de museus, os cinemas apinhados de filmes de todas as épocas e, vamos combinar, a *baguette*, o *croissant* e o *pain au raisin*, que ninguém é de ferro. As aves de lá não bufam e nem são rabugentas, sabem dizer um "passa lá em casa" com toda a afabilidade, recebem turistas com simpatia e curiosidade, disseminam o princípio que o cliente tem toda razão, pelo menos na hora da compra, usam o jeitinho para o bem também. Isso sem falar no ambiente em que elas gorjeiam — Rio, um lugar de uma beleza natural tão incrível quando a maravilhosa e construída Paris. Quando voltar sei que sentirei falta de muita coisa, mas também vou gostar de ver outras, especialmente neste momento que o Brasil está passando.

Não vou me transformar naquela chata que fica contando as maravilhas de outro lugar. E reclamando sem parar do Brasil, o que meu amigo JS chama de "síndrome de Odete Roitman". Nem vou ser como aquele jogador de futebol, que passa um ano no exterior e esquece a língua. Posso não ser um Voltaire, mas dou as minhas arranhadinhas no francês e preciso poupar meus amigos de usar expressões que já estão entranhadas: *OQ*, em vez de *OK* (e nem é português?), *pas de souci* no lugar de não tem problema, *pardon* em vez de desculpe. Pode ser mais pernóstico começar a misturar as línguas?

Enfim, as palavras de Tom ecoarão dia sim e dia não para me animar. E serão muito úteis, pois o trabalho, o cotidiano, o computador me esperam. Prometo que vou ter mais humor do que nesta despedida. Afinal, esta é uma característica das aves cariocas: perder o humor, jamais. Bom humor, o que é isso? — perguntam as aves parisienses.

Na saída para o aeroporto, olho para a casa da Rue Gracieuse mais uma vez, e me despeço com outro mestre, Oswald de Andrade, que em seu poema Contrabando (que me foi enviado por uma das curtidoras do meu site a quem só posso agradecer) é o resumo do que sinto. Esta despedida pode não ser com humor, mas é nostalgicamente feliz.

Os alfandegários de Santos
Examinaram minhas malas
Minhas roupas
Mas se esqueceram de ver
Que eu trazia no coração
Uma saudade feliz
De Paris

Saudade feliz é o máximo. Esta eu não me importo de sentir.

Boa noite, Paris. Bom dia, Rio.

Caderninho
DE VIAGEM

NA MALA

Roupas básicas, poucas cores, e abuse dos lenços, echarpes, *foulards* coloridos. A minha mala me serviu perfeitamente nos meses de meados de março ao início de julho. Deve servir também para setembro, outubro e novembro. No inverno, aumente os casacos. No verão, aumente saias e vestidos. Uma mala de três meses e meio, quando você vai ficar em uma casa com máquina de lavar, é a mesma que se precisa para 20 dias em um hotel. E, lembre-se, passar roupa, nem pensar, e por isso malha é a melhor opção. Se quiser ganhar bastante espaço use aqueles sacos plásticos que se retira todo o ar com o aspirador de pó. Só um cuidado: quando embaladas a vácuo, as roupas ficam duras, formando um pacote compacto. É preciso encaixar algumas peças mais moles em cima para restabelecer o equilíbrio. A mala ideal para mulheres, porque é o que entendo, na minha modestíssima opinião:

- 2 calças pretas;
- 2 calças bege/fendi/camelo;
- 2 jeans (atenção, uma destas calças vai no corpo),
- 6 blusas de malha preta básicas;
- 4 blusas de malha branca, também básicas;
- 1 vestido preto básico, o famoso "pretinho";
- 2 vestidos do dia a dia para o calor;
- Um *trench coat* bege ou um casaco de couro, para ficar com cara de francesa;
- Um casaco de *polar/fleece/soft*, se o frio apertar;
- Um cardigã leve para os dias mais ou menos;
- Um tênis de couro megaconfortável;
- Uma sapatilha para a noite;
- Uma sandália para usar com os vestidos;
- Uma bota, se a previsão indica que será uma meia estação friosa;
- Meias, calcinhas e sutiãs, claro.

E boa viagem!

NO AEROPORTO

Eu já viajei muito, e jamais consegui um *upgrade*. Tentei desta vez, a primeira atendente disse: "impossível". A segunda: "difícil", mas a terceira, quem sabe, podia ser mais animadora. Não foi. Ela, porém, sugeriu que eu pagasse mais 80 euros, e viajasse na parte de cima do avião, onde as cadeiras são mais largas. A maioria das companhias está oferecendo este serviço. Topei este *upgrade* de segunda classe, que opção? Valeu e recomendo. Além de a poltrona ser mais espaçosa, a cabine é micro: 70 lugares. Ou seja, menos barulho — ou melhor, nenhum —, serviço rápido. Você não espera que 300 pessoas recebam o prato para ganhar o seu e que, invariavelmente, não é o que se quer comer. Quer massa? Tem frango. Banheiro sempre disponível. Viajei em agradável companhia de um casal brasileiro que mora há 15 anos em Paris, L e R. Dormi bem, com as perninhas, que não são lá tão longas assim, bem esticadinhas. Você vai voltar de Paris com a mala mais cheia do que foi, com certeza. Se exceder duas malas de 32 quilos, pode comprar pelo site da companhia, com antecedência, uma "bagagem extra", que custa na faixa de 80 euros e poderá viajar com mais uma mala, o que sai muito mais barato do que pagar excesso. Chegue cedo no aeroporto, porque mesmo que tenha feito o check-in on-line — o que as companhias praticamente obrigam — as filas para entregar as bagagens são intermináveis. E se quiser fazer o detax (receber de volta os impostos pagos na compra), saiba que a fila é maior ainda. Atenção redobrada: quando você coloca as bagagens na esteira, a atendente sempre faz ar de espanto, e diz, "mas são 23 quilos por mala". Informe-a que sua passagem foi comprada no Brasil e, portanto, tem direito a duas de 32 quilos. Se quiser ser mais pentelha copie o que está escrito no site da companhia, mesmo que tenha que procurar com lupa.

NA CHEGADA E SAÍDA

Nunca havia comprado um *transfer*. Aliás, continuei sem comprar porque ganhei de presente da CP-4, parceira do projeto. Já havia saído do aeroporto de todas as formas: no ônibus que leva até Opèra, o Roissy Bus (cerca de 10 euros), de táxi (+ ou – 65 euros) e de trem/metrô (9,50 euros). O trem é barato, mas se você não estiver nas imediações das estações onde ele passa, vai ter que arrastar mala pelas ruas, além de correr o risco de perambular por estações enormes, como Châtelet. O ônibus é bom, mas se estiver com mais pessoas não vale a pena, porque o preço ficará igual ao táxi. Táxi é sempre bom. Mas adorei muito ter o Jonatân (como fez questão de acentuar a última sílaba, parisiense, filho de portugueses). De tanto transportar brasileiro já fala quase sem sotaque — aliás, somos nós, brasileiros, que temos sotaque, afinal foram eles que inventaram a língua (e copio o que Lima Duarte me disse há muitos anos). Na saída lá estava a plaquinha com meu nome, Jonatân pegou o carrinho das malas, ficou um pouco *desolé* porque não fiz nenhuma pergunta tipicamente de turista e me deixou na porta da minha casa. A Duga, que é especializada em turistas brasileiros, faz reservas online em www.duga.fr. Segundo Jonatân a faixa é 90 euros. Confira.

NO ORÇAMENTO

Parte do meu dinheiro, coloquei em um Visa Travel Money da Cotação — Banco Rendimento e outra em moeda, pois fui economizando ao longo de três anos e comprando euros. Como comprei aos pouquinhos, sempre consegui preços médios e notas baixas. Mas no final da temporada, sobraram algumas notas de 200 e 100 euros. As de 100 são mais fáceis de trocar, mas muita gente faz um bico e diz *desolé* e não dá troco mesmo. As de 200, quase impossível. E as de 500, então, nem pensar. Minha amiga VS veio com uma e teve que pagar um almoço de sete pessoas para que trocassem no restaurante e mesmo assim foi um auê, um reboliço do cofre para o salão. Eu penei com duas notas de 200 — primeiro me disseram que trocavam no banco; *desolé*, e me mandaram para La Poste, que funciona como banco também; mais um *desolé*. Fiz cara de coitada, insisti e a desolada jovem loura do balcão achou uma solução, se eu comprasse dez selos para o Brasil (menos de 7 euros) ela trocaria. Assim foi feito. Troquei a outra nota na *épicerie* do Bon Marché, que de tanto brasileiro que tem lá dentro ("uai, isto é um supermercado?", " ih, tem mandioquinha aqui também") deve estar nadando em euros. Enfim, resumindo a conversa, eis a melhor combinação — um cartão de débito da Cotação, porque o IOF na hora da carga de dinheiro é infinitamente menor do que o cobrado pelos cartões de crédito; um cartão de crédito, que fica em casa só por garantia e dinheiro em notas BAIXAS. Da próxima vez vou economizar recarregando o meu cartão de débito Cotação. Ele é parceiro, mas funciona mesmo. Quanto gastei nos 100 dias em Paris? Todo mundo quer saber, mas nem sempre é confortável para mim esta revelação. Mas estou disposta a romper o silêncio, a pedidos. Levando em conta que você não é um maníaca por compras, que vai comer em casa muitos dias, andar de metrô e ônibus acho que 80 euros por dia é um orçamento razoável, considerando que vai ficar um período longo (nas temporadas curtas gastamos bem mais) e aí não está incluído o aluguel. Pronto, falei!

Cotação
www.cotacao.com.br

NA CASA

Existem muitas maneiras de alugar apartamentos em Paris, inúmeros sites que oferecem serviços, brasileiros que por lá vivem há anos e que sabem o melhor e o pior da cidade, como Karmmita Medeiros, que tem o Instantparis, e Pedro Paulo Castro Neves. Como uma das formas que encontrei para me capitalizar para a viagem foi alugar o meu apartamento no Rio de Janeiro para pequenas temporadas de estrangeiros, me tornei fã do AIRBNB — que oferece hospedagem em cerca de 200 países e no qual os contatos são feitos diretamente com o proprietário via site. Eu tirei a sorte grande, porque Isabelle Pengue, a francesa que abriu as portas do seu apartamento para mim, foi cordial desde o primeiro momento. Entrei em contato com ela oito meses antes, negociamos o preço (paguei 1.800 euros por mês) e fechei a reserva em setembro de 2012. Paguei o primeiro aluguel em setembro e os três subsequentes quando já estava em Paris, via cartão de crédito mensalmente. E tudo correu maravilhosamente, sem problema algum. Pesquisa, converse, envie e-mails e garanto que vai ter tanta sorte como eu.

AIRBNB
www.airbnb.com.br/

O meu apartamento no AIRBNB
www.airbnb.com.br/rooms/261875

Pedro Paulo Castro Neves
http://parispp.blogspot.fr/

Se quiser saber mais sobre ele:
http://100diasemparis.com/um-gentleman-a-seu-servico-em-paris/

Karmmita Medeiros — Instantparis:
www.instantparis.me/

NO COTIDIANO

Quando cheguei a Paris, ouvi um conselho de Gilles, o dono do apartamento. "Aproveite para viver a vida real". Africano, do Congo Brazaville, embora viva em Paris desde os 7 anos de idade, sabe as benesses nos países, como o Brasil, onde se é possível contratar uma empregada para fazer todos os serviços domésticos. Apesar do conselho, desde os primeiros dias, porém, sabia que ia querer alguém para pegar no pesado. Eu não me importaria de ficar com os frufrus — colocar a louça na máquina, lavar roupa em casa e na lavanderia da esquina, mas realmente não estava a fim de passar metade do meu dia no "todo dia ela faz tudo sempre igual". E depois de muito procurar, Isabelle encontrou Helena, portuguesa, gardiènne (misto de porteira e faxineira, segundo ela) de um prédio, que faz um "por fora" na hora de folga — de meio-dia às quatro. O "por fora" custava 13 euros a hora, que paguei com um sorriso nos lábios. Em duas horas ela deixava o apartamento impecável, cheirando a limpeza. Conversei um pouco sobre as condições de trabalho em Paris e ela me disse que tem um salário mínimo — 1.500 sem os descontos — o que lhe garante os benefícios sociais, e que o "por fora" continua sendo "no negro" — como eles chamam em Paris, o politicamente correto passou longe. Quem quiser chamar Helena, não hesite: 06 43 13 91 43. Ela é o máximo.

NA LAVANDERIA

Se você vai ficar um tempo em Paris não escapa da ida semanal à *laverie*, programa oficial dos parisienses. Mesmo que tenha máquina de lavar em casa, não há tanto espaço assim para pendurar e pelo menos a roupa de cama e banho vai ser lavada nas inúmeras lavanderias que se espalham pelos bairros. Confesso que é estranho passar por algumas e não ver ninguém dentro. É assim mesmo, são totalmente automáticas e não exigem que alguém fique recebendo os clientes, separando as roupas, dando um *ticket*. País de mão de obra cara é assim. E os clientes também não ficam esperando, colocam a roupa na máquina e só voltam um tempo depois para buscá-las. Para usar a *laverie*, o primeiro passo é comprar o sabão, basta ir ao caixa automático, colocar o número da máquina que vende sabão, pagar um euro e tudo bem. Depois, escolher uma máquina (de 5.5 ou de 8,5 quilos; ou de 7 e 12 quilos), colocar o sabão, marcar o ciclo de lavagem que deseja, colocar a roupa dentro, fechá-la, ir até o caixa automático e marcar o número da máquina, enfiar as moedinhas ou nota (dá troco e custa por volta de 4,50 euros) e tudo começa. Depois, hora da secadora: cada ciclo de 8 minutos custa cerca 1,20 euros. Dois normalmente bastam, porque as máquinas são poderosas.

NO METRÔ

O mundo é *touchscreen*, menos as máquinas do metrô de Paris. Nelas existe o *tournez le rouleau*. O que é isso? Quando você vai comprar o bilhete do metrô no terminal eletrônico, é preciso girar um rolo embaixo da tela, como se fosse um mouse, para realçar a opção desejada e depois tocar no botão *validez*. O que mais vi foram turistas tocando a tela e nada acontecer. Para fazer o passe Navigo, que recomendo se for ficar no mínimo duas semanas, há o auxílio do encarregado do guichê Informações, porque mais uma vez a navegação não é amigável e é quase impossível achar a opção de pagamento para fazer o passe — 5 euros. Para recarregar é mais fácil e custa cerca de 20 euros por uma semana nas Zonas 1 e 2, o que resolve o problema da maioria dos turistas, que podem andar à vontade no metrô e nos ônibus. Mas a maioria das máquinas aceita moedas ou cartão, mas não notas, ou seja, nada é perfeito. Fora isso, os transportes funcionam maravilhosamente: de metrô, nem que você ande várias estações para um lado, dezenas para o outro, sempre acaba aonde quer ir. De ônibus, que é muito mais prazeroso, pode ver no ponto o trajeto das linhas e o tempo que falta para chegar o ônibus que deseja. Só tem um senão: no calor é complicado, especialmente porque os basculantes dos ônibus quase sempre estão fechados. Há até um aviso nos ônibus: é preciso haver consenso para abrir ou fechar as janelas, mas caso não haja unanimidade vence quem deseja mantê-las fechadas. É a ditadura da corrente de ar — eles têm pavor dela. Se quiser ficar bem esperto com relação aos trajetos consulte pela internet ou baixe no seu smartphone o aplicativo da RATP, a companhia dos transportes. Digite onde está, aonde quer ir e ele imediatamente informa o que é melhor: pegar o trem, o metrô ou o ônibus.

RATP
http://www.ratp.fr/

NO TÁXI

Você pode não encontrar um motorista galante como o que me deu a mais gostosa cantada da vida, e talvez nem queira isso, mas andar de táxi é uma maneira fácil e nem tão cara, quando as pernas cansam e o ânimo arrefece. Você pode pegar na rua — o que é mais complicado — ou ligar para as inúmeras cooperativas que existem lá. De noite, na volta para casa, não hesitei e jamais paguei mais de 15 euros, só quando saí realmente de Paris. Quando tive de ir para lugares mais longínquos, o que exigia metrô, ônibus e trem, também chamei um táxi da G7 (3607), da Alpha (01 45 85 85 85 85) ou Bleus (08 91 70 10 10), as minhas prediletas, e tudo foi perfeito, mesmo que mais caro. Quando estiver em um restaurante, pode pedir que eles ligam e em dez minutos será atendida. Quanto ao meu motorista, perdi o seu rumo, e por isso não posso incluir o seu número.

Taxis G7
http://www.taxisg7.fr/

Taxis Bleu
http://www.taxis-bleus.com/

Alpha Taxis
http://www.alphataxis.fr/

Se quiser uma ideia do quanto vai gastar, consulte:
http://www.numbeo.com/taxi-fare/

NO SUPERMERCADO

As redes de supermercado Carrefour e Franprix abundam pela cidade, em versões pequenas e médias. E tanto um quanto outro suprem bem as necessidades do dia a dia e, surpreendentemente, não são nada caros. Com cerca de 30 euros fazia as compras básicas para a semana — suco, iogurte, água mineral, sopa, leite, biscoito, queijo e alguns produtos de limpeza. Um dia que recebi quatro amigos e exagerei nos acepipes — queijos variados, manteiga, pães, presunto cru, salmão, *paté de foie*, torradas, vinho, que duraram mais duas semanas, gastei 90 euros. Tinha acabado de chegar e não tinha ainda noção do dinheiro nem da quantidade. Com 30 euros teria feito a mesma festa, sem guardar na geladeira os restos, que acabaram sendo jogados fora. Então, vá com moderação. Não enlouqueça com as delícias nas prateleiras — elas vão continuar lá para sempre e você bem pode comprar outro dia. Na França como os franceses, compre o necessário e jamais desperdice.

Carrefour
www.carrefour.fr

Franprix
www.franprix.fr

NA FEIRA

Confesso o meu bairrismo, mas só fiz compras na feira da Place Monge. Até dei uma olhada na feira da Bastille, mas me mantive fiel ao meu *quartier* e lá fui todas as quartas, sextas e domingos, mesmo que fosse para nada comprar, somente apreciar o movimento. Lá comprei até mesmo um casaco de couro por 70 euros — é de couro falso, mas não dá para sacar e foi um bom companheiro de viagem. Você encontra de tudo na Place Monge: roupas, sapatos, lenços, carteiras de couro e comida, muita comida. Desde barracas de frutas bio, que sempre estavam lotadíssimas, com uma fila eterna, até uma *rotisserie* libanesa, que vende *galettes* de carne, espinafre, queijo e frango feitas na hora. São deliciosas. Aos domingos tem uma barraca de pães maravilhosa, de mel e doces e de *foie gras*. Os peixes chamam atenção nas bancadas, especialmente os que não conhecemos, e alguns são bem mal-encarados. Aplaudo efusivamente a Barraca do Leitão. Os queijos são inúmeros e maravilhosos, assim com leite, iogurtes e manteiga. E, melhor, a barraca do Leitão, como o nome já indica, é gerida por portugueses, que explicam tudo sobre cada tipo de queijo, sugerem opções e, se você se tornar freguês assíduo, ainda ganha um verdadeiro pão integral português. De comer rezando, o queijo de cabra fresco, perfeito para o café da manhã. Delícia, delícia, assim você me mata.

NO RESTAURANTE

Existem mil e um livros sobre os restaurantes franceses. Gosto especialmente do *Amo Paris — minha Paris do sabor em 200 endereços*, de Alain Ducasse. É uma edição bonita da Editora Senac, com lindas fotos e perfeito para a sua mesa de centro. O mais legal é o charme a mais: um pequeno livrinho, para carregar na bolsa, com os endereços dos restaurantes, mercados, *pâtisseries* e *boulangeries*. Perfeito para a sua viagem. Outra ideia boa, que ajuda a escolher entre os milhares de cafés e restaurantes da cidade, é o aplicativo da revista *Time Out*. Você pode baixar no seu celular e encontrar os restaurantes recomendados por eles nas imediações de onde está. E, se estiver muito na dúvida de onde comer, entre no primeiro que estiver cheio, peça uma omelete, que não vai se dar mal. Você pode também entrar em uma *boulangerie* e comprar um sanduíche: são enormes, custam em média 3,50 euros e valem realmente por uma refeição. O meu predileto é o de atum, ovo, alface, tomate, mas há muitas variedades: presunto, queijo, presunto e queijo, frango, salmão todos em uma baguette fresquinha e com saladinha dentro.

Amo Paris
http://goo.gl/Tohbf8

NA GORJETA

Gorjeta não é problema em Paris. Nos restaurantes, ela não aparece na conta, como os malfadados 10% a 14% no Brasil. Dizem que a gorjeta já está incluída no preço dos pratos, mas não encontrei ninguém para confirmar a informação. O que vi é que todos deixam umas moedinhas só para agradar o garçom (que deve ser chamado sempre de *monsieur*, não de garçon, menino em francês). Um amigo meu, bastante generoso, deixava 5 euros e era quase carregado no colo até a porta. Nos táxis, é simpático arredondar a corrida e todos agradecem efusivamente. Nos cabeleireiros não sei a prática, mas usei o método da observação. Ninguém coloca uma notinha no bolso dos profissionais. Fiz como as francesas e, como fui muito bem recebida na segunda vez, acho que me comportei bem. *Voilà*.

NA DIETA

Uma maneira deliciosa de fazer uma dieta em Paris é fazer compras na loja de congelados Picard. Eles vendem de tudo e estão por toda a parte em Paris. Fiquei freguesa, especialmente nas refeições preparadas para uma só pessoa, que descongelam em cinco minutos no micro-ondas e custam a bagatela de 2 euros. O cardápio é variado, peixes, carne moída com purê de batatas, *confit de canard* e várias massas. Se quiser enfiar o pé na jaca, vá também ao Picard e compre os pratos mais substanciosos, que também não são caros. Enfim, vá ao Picard e ponto final. Um exemplo de compra: 9 pizzas pequeninas de três queijos; salada de pato; brandade de bacalhau; duas *coquilles Saint Jacques* — preço total 16,13 euros. Outra opção para uma dieta detox é a cadeia Naturalia, que vende produtos bio — ou seja, de produtores que não utilizam agrotóxicos. Tem de tudo: deliciosas geleias, macarrão de todos os tipos de artesãos italianos, frutas, legumes, pães, sucos, sopas. Como estamos na França tem também iogurtes, queijos e até salames. Tudo bio. São muitos endereços em Paris também. Confira a seguir:

Picard

45b Rue des Acacias 75017, 83 Rue d'Alesia 75014, 25 Boulevard Arago 75013, 63 Rue d'Auteuil 75016, 51 Rue d'Avron 75020 Paris, 29 Boulevard des Batignolles 75008, 2 Rue Beccaria 75012, 147 Boulevard Auguste Blanqui 75013, 18 Rue Bobillot 75013, 15-17 Avenue Simon Bolivar 75019, 72 Rue de Botzaris 75019, 42 Rue de Boulainvilliers 75016, 3 Rue Brezin 75014, 137 Avenue de Clichy 75017, 15 Boulevard Brune 75014, 59 Rue Cambronne 75015

Entre outros a conferir no site
http://www.picard.fr/
Naturalia www.naturalia.fr/

Melhor conferir também no site os endereços, que são inúmeros.

NA BOULANGERIE

Para mim as *boulangeries* (padarias) são sucursais do paraíso. A variedade de coisas boas é impressionante: *baguette, croissant, pain au raisin, pain au chocolat* (desse não gosto, mas é um clássico), *chausson au pomme* (um folheado de maçã), *chouquete* (massa de bomba com açúcar em cima), *madeleines*, além de diversos outros pães e tortas. Nesta minha temporada parisiense, descobri algo deveras importante. São inúmeras as *boulangeries* em cada quarteirão, mas sempre procure uma onde esteja especificado *"artisan boulanger"* — isso significa que o pão é feito no local e não comprado em algum atacadista, e que o gentil padeiro passou por vários testes e exames antes de ser considerado *artisan*. A "minha" *boulangerie* é na esquina da Rue Monge com Lacepède, a Grégoire (69, Rue Monge). Eu recomendo tudo, mas tive prazer especial em comer um cachorro-quente recoberto com gruyère, uma iguaria fina, como só os franceses sabem fazer. Em tempo, a *baguette tradition*, a mais simples, custa 1 euro.

NO TELEFONE

Para falar no celular em Paris, você pode comprar chips pré-pagos e colocar no seu aparelho desbloqueado do Brasil. Mas não pense em voos maiores além de acessar Facebook e e-mail. Para ter um celular com 3G é preciso ter um plano pós-pago das operadoras e endereço na França. Eu consegui o meu através do meu "filho" francês Steph que colocou na sua conta mais um chip pós-pago, 20 euros por mês. Aí você pensou: simples assim? Claro que não, a incompetência tomou o mundo. Assim como reclamamos das nossas operadoras, em Paris é a mesma coisa. "Para vender é uma maravilha, faz o pedido pela internet, o chip chega em dois dias na sua casa e a partir daí, seja o que Deus quiser" — me garantiu Steph com seu português impecável cujos palavrões omiti. Comprovamos isso, porque colocamos o chip, telefone OK, mas cadê o 3G? Entramos no site da Bouyguez, que se autodenomina carinhosamente B&YOU, e procuramos o telefone do atendimento ao cliente. Steph ligou do seu celular, que é também da operadora, e recebeu a mensagem de que não estava autorizado a fazer a ligação. Ligamos para uma loja da operadora — ninguém atendeu. Cena familiar, não é mesmo? Finalmente depois de muitas e muitas tentativas, pesquisa em fóruns, achamos, perdido no site, uma forma de conseguir que eles enviassem as configurações. *Voilà*! Mas não foi fácil, ou seja, acho que as operadoras de celular do mundo inteiro têm um acordo de enlouquecer os seus clientes. Ou seja, não procure confusão, pegue seu pré-pago e boa sorte. Prefira a Orange, como afirmaram alguns franceses. Ou use o seu celular do Brasil, mas é melhor consultar as tarifas antes, anotar protocolos e saiba que talvez tenha de se aborrecer bastante na volta. E, ainda, aprenda: em Paris, os telefones fixos começam com 01 e os celulares, normalmente com 06, mas alguns começam com 07 ou 08. Se estiver ligando do exterior deve esquecer o zero. E em alguns celulares é preciso colocar +33. Fácil!

B&YOU
https://www.b-and-you.fr/

Orange
http://goo.gl/lAqwKf

NA MANICURE

As manicures francesas são famosas por não tirarem a cutícula, pintarem de qualquer jeito deixando o esmalte somente na frente das unhas e ignorando as laterais. E o preço é salgado — entre 35 e 60 se você fizer francesinha no pé. Se você for boa no manejo do alicate, da lixa e do esmalte nem pense em ir. Se você for como eu, canhota das duas, que lixa até sair sangue e é incapaz de passar nem uma camada de esmalte, procure os pequenos salões geridos pelas chinesas. Elas se esforçam, massageiam as pernas, enquanto fazem seus pés, e sorriem muito. Um cuidado, porém, leve seus utensílios, porque nada é esterilizado. Se você estiver nas imediações da Rue Monge, 75005, sugiro o salão no número 58 — Jolie Star. Fui atraída pelo anúncio "pedicure com cadeira de massagem — 28 euros". E não me arrependi, virei freguesa.

NO CONSUMO

Aproveite o comércio de rua. E saiba que o que existe em um *arrondissiment*, há no outro. Não adianta atravessar a cidade para ir à loja de sapatos que conheceu há dez anos. Certamente haverá igual a seu lado. Paris e seus *quartiers* são um exemplo de urbanidade — já disseram alguns urbanistas — porque existem muitas microcidades dentro de uma só. Minhas ruas prediletas para olhar, olhar, olhar vitrines e talvez comprar na hora da liquidação — coisa que as mulheres adoram e os homens até hoje tentam entender o porquê — são: Rue du Four, Rue des Sèvres, Rue Saint Honoré (não o Faubourg Saint Honoré, que é coisa para árabes milionários), Rue des Rennes e o clássico Boulevard Saint Germain. Passo longe das lojas de grife que cobram 400 euros por uma sapatilha; dos grandes magazines como Lafayette e Bon Marché, repletos de consumistas desenfreados e sem critério. Minha loja preferida: Poncho Gallery, para quem tem bom gosto e procura um produto exclusivo, que só é encontrado em Paris. Escondidinha na pequena Rua de la Sourdière (número 11), *à cotê* da Rue Saint Honoré, vende somente ponchos, cardigãs e estolas de *cashmere* italiano Loro Piana, confeccionados nas Ilhas Maurício. Não pode ser mais chique. As cores são lindas e quem mora em país tropical pode optar pelo *cashmere* com seda, mais leve. E pode comprar também um de *cashmere* dois fios para as viagens no inverno. Chegando lá converse com Ludovic, o charmoso vendedor, que ama o futebol brasileiro. E se quiser comprar on-line, eles vendem para o Brasil em www.ponchogallery.com. Fiquei ainda fã da Norien, uma multimarcas de estilistas japoneses com roupas desconstruídas e superpostas, caras, mas bem diferentes; CREA, que veste a mulher elegante de hoje, um luxo só, a preços não muito acessíveis, mas possíveis; COS, preços baixos (em média 60 euros) para roupa básica de qualidade, dá para fazer um enxoval; UNIQLO, moda básica, camiseta e jeans, com preços espetaculares, mais uma bola dentro de japoneses.

Noriem
http://goo.gl/AegpGd
3 Rue du 29 juillet 75001, 28 Rue du Cherche-Midi 75006, 27 Rue Vieille du Temple 75004, 4 Rue du Pas de la Mule 75003

Crea Concept
www.creaconcept.com
205 Rue Saint Honoré 75001
2 bis Rue des Rosiers 75004
5 Rue du Cherche-Midi 75006
17 Avenue Victor Hugo 75016
146 Rue des Courcelles 75017

Cos
www.cosstores.com
3 Rue de Grenelle 75006, 60-62 Rue de Passy 75016, 4 Rue des Rosiers 75004, 68 Rue Montmartre 75002

Uniqlo
www.uniqlo.com/fr/
17 Rue Scribe 75009

NA ELEGÂNCIA

Aqui vão dicas de Inès de La Fressange em *A parisiense*, da Editora Intrínseca. Para ela, abro espaço: se eu fosse da moda e chique como ela até podia roubar a autoria.

Atenção para não se cristalizar num estilo de uma determinada idade: é isso que envelhece!

Depois dos 50 anos, minissaia e shortinho é como se você continuasse tomando mamadeira depois dos quatro anos.

Jamais ser sem graça. Jamais ser desleixada. Jamais seguir as convenções.

Sempre misturar o chique e o *cheap*.

Evite os clichês.

Ouse surpreender

Quer mais? Compre o livro e torne-o a sua bíblia.

NO CONFORTO

Estava andando em Roma, quando uma bolha estourou no meu dedo mindinho — o que é um tormento para qualquer turista. Entrei na primeira loja que havia, em plena Piazza di Spagna, na esquina da Via Condotti. Ou seja, estava condenada a pagar caro. Escolhi um tênis preto de cadarço vermelho, discreto e confortável e desde então ele é meu companheiro fiel de andanças pelo mundo. A loja? Camper. Em Paris existem várias e fiz estoque para as próximas andanças: uma sandália, dois sapatos moderninhos e um tênis. Recomendo efusivamente, vale cada eurinho a ser pago. E são muitos.

Camper
www.camper.com
1 Rue du Cherche-Midi 75006, 12 Rue de Mogador 75009, 9 Rue des Francs Bourgeois 75004

NO DESIGN

Sir Terence Conran é um dos mais famosos designers do mundo. Com dezenas de livros publicados, suas lojas — Conran Shop — são referências em Londres (22 Shad Thames, London, SE1 2YU), Paris, Dublin, Nagoia, Fukuoka e Shinjuku. Instalado na capital francesa desde 1992, a Conran Shop da Rue du Bac, ao lado do Bon Marché, e em frente à Igreja da Medalha Milagrosa (que tem muitos fieis brasileiros), é o paraíso para quem gosta de coisas bonitas. A começar pelo prédio, do século XIX, que tem a estrutura metálica desenhada por Gustav Eiffel. Dentro, dá para se perder entre móveis, fones, velas, panelas, luminárias, sais de banho e tudo o mais que se possa querer. Eu, se fosse você, ia lá. Nem que seja para ver o que há de mais legal no design moderno.

Conram Shop
www.conranshop.fr
117 Rue du Bac 75007

NAS PASSAGENS

As passagens de Paris são alguns dos lugares mais interessantes da cidade. Algumas são chiquérrimas. Outras caidaças. Todas, porém, têm um charme especial. No número 4 da Rue Vivienne, bem atrás do Palais Royal, está a Galerie Vivienne, construída em 1823 (mais ou menos na época que os americanos investiam em shopping centers), considerada a mais luxuosa de todas. É realmente um deslumbre. Lojas, livrarias, *pâtisseries*, *boulangeries* — o que se repete na maior parte delas. A Galerie Vero Dodat, uma das mais chiques para se ver — é quase ao lado da Galerie Vivienne. A loja de ponta é a de Christian Louboutin, aquela que vende para peruas do mundo inteiro sapatos com sola de laca vermelha a preço de ouro. Há sapatos para mulheres, homens, heteros, homos, drags — e às vezes fica difícil saber qual é qual. Muitas tachas, saltos enormes, nada básico, vale a pena conferir pela fama. A galeria não é grande, há muito couro e muita decoração. Caminhe pela rua da Bolsa de Valores, onde a venda de ouro se mistura à venda de armas, o que não me parece nem um pouco estranho, para chegar na Passagem Joufroy, de 1847. Quando se vai andando por elas, fica a sensação de que reis e suas amantes passavam escondidos por ali, pura fantasia, na verdade elas facilitam a vida dos consumidores, que seguiam no inverno por passagens cobertas e cheia de coisas lindas para se ver. Na Passagem Joufroy o grande destaque são os livros, a preços módicos e a maior parte em liquidação. Dá vontade de comprar tudo, mas pesam não no bolso, mas na bagagem de volta. Siga no alinhamento para as Passagens Verdeau e Panoramas. Lojas de bengalas, de doces, de pães, de livros e até uma dedicada às rainhas do lar, com tudo sobre trabalhos manuais, com destaque para a de bordados que se chama A Felicidade das Damas. Olhando bem a cara da vendedora/dona da loja acho que a felicidade por ali passou longe. As Passagens são realmente um ótimo programa em um dia de frio e chuva e nelas se encontram turistas e parisienses — a coisa mais comum em Paris. Não existe um lugar que só tenha turistas (talvez, pensando bem, no alto da Tour Eiffel) ou somente parisienses (talvez dentro de suas próprias casas). Segundo o site www.parisinconnu.com/passages/ — onde é possível encontrar tudo sobre as passagens — ainda há mais 20, além destas, a conhecer. Cheque e divirta-se.

NO MEU QUARTEIRÃO

A quem interessar possa: as imediações da Place Monge são tudo de bom. Adorei morar no local por vários motivos. Um deles é que fica na parte do Quartier Latin em que as pessoas moram, não estão somente de passagem. Outra coisa que me fascinou são as pequenas lojas, nada de magazines, nem letreiros gigantescos na porta, mas sempre com umas coisinhas maravilhosas. Dentre elas, a Kimono Galéjade, uma multimarcas com destaque absoluto para as peças da Crea Concept. Andando mais um pouco, há a Bü, que vende tudo — malas, bolsas, roupa de cama e mesa, papelaria, louças, *bijoux* e algumas comidinhas. E ainda há o paraíso de quem gosta de uma papelaria, como eu. Há 20 anos, em Paris, deixei estupefato um amigo que não se conformava ao me ver gastando 100 dólares com papéis coloridos e canetas. Fui modesta desta vez, só uma caneta Lamy de 8 euros na Tout Notè.

Bü
www.bu-store.com
45, Rue Jussieu 75005

Tout Notè
www.toutnote.fr
35, Rue Jussieu 75005

NA MESQUITA

Eu avisei na minha crônica, mas sou fresca. Alguns amigos foram ao hamman, adoraram e nem viram bactéria alguma. E usaram o chinelinho com satisfação inusitada. E, quem sabe, você vai amar também. Por via das dúvidas, leve sua havaiana, uma toalha e aproveite. Se vai visitar a Mesquita antes, cuidado com a roupa: menina, não ouse ir de shortinho ou canga e menino, esqueça a bermuda — sabe como é, brasileiros adoram uma descontração, em especial os cariocas. E observe as proibições de não entrar, por exemplo, no lugar das orações, a menos que seja muçulmano, claro. Uma amiga completamente desligada não só entrou, como achou que devia calçar os sapatos que estavam na entrada, ficou no meio dos homens, se ajoelhou e fez o sinal da cruz. Quase foi expulsa por causa do que ela mesma classificou de mineirice: "Não posso entrar em uma igreja que faço o sinal da cruz".

Mesquita de Paris
www.la-mosquee.com
2bis Place du Puits de l'Ermite 75005

Hammam da Mesquita
http://goo.gl/wIINJS
Entrada na Rue Geoffroy Saint Hilaire 39 75005, pelo restaurante, não estranhe.

Outros hammans, estes eu não visitei, mas pesquisei:

Hammam Medina Centro
43-45 Rue Petit 75019

L'Escale Orientale
"Refúgio de luxo destinado a casais ou amigos que desejam compartilhar um momento de relaxamento em conjunto" — diz a propaganda.
94 Rue St Lazare 75009

NO PALAIS ROYAL

O Palais Royal é sempre um bom programa. Seus jardins são lindos e as galerias laterais com inúmeras lojas encantam, mesmo quando não é possível comprar. E é na saída do Palais que se encontra uma boutique, que somente pode existir em

Paris: Boites a Musique Anna Joliet. Fui apresentada a esta loja nos anos 90 por minha amiga AF. E ela permanece lá, impávida, perene, vendendo algo completamente inusitado como caixinhas de música. Lá pode ser encontrada a clássica caixinha de música com a bailarina (eu tenho uma, sonho de infância realizado) até enormes mecanismos que tocam, sei lá, talvez a Nona de Beethoven. Para os que não estão interessados em frescuras existe ainda somente o mecanismo da caixinha, bem pequeno, que pode soar a Internacional. Presente perfeito para o seu amigo/a de esquerda (eu também tenho um, comprado na primeira vez que estive na loja).

Boites a Musique Anna Joliet
9 Rue de Beaujolais 75001

NO BANHEIRO

Pensei já ter visto de tudo em matéria de banheiro pelo mundo. Uma vez, quando estava na Turquia, fui jantar em um hotel chiquérrimo, onde se comia muito bem, mas a atração maior era o banheiro. Depois das necessidades, um jato de água morna saía não se sabe de onde, assustando e alegrando os usuários. Fui surpreendida em uma imensa discoteca na Itália com um buraco no chão (a primeira vez que vi) e não sabia o que fazer, especialmente porque estava de meia-calça e acabei ficando nua para um simples pipi. Outro buraco me fez voltar para trás na Mesquita Azul em Istambul. Ou o contêiner no Vale dos Reis no Egito, com um homem imenso com um pano de chão imundo limpando os assentos, que minha bunda não ousou tocar. Isto posto, fui surpreendida por um banheiro-boutique que existe em diversos lugares de Paris, como no Carrossel do Louvre: o Point-WC. Você paga 1,50 euros e entra em uma cabine linda, decorada, cada uma de um jeito. Um funcionário de libré, como um porteiro de hotel cinco estrelas, limpa tudo com um esmero invejável e, além disso tudo, é possível comprar frescuras para a sua casa, como papéis higiênicos coloridos. Achei os de cor preta de mau gosto, mas quem sou eu? Ainda no quesito banheiro, esqueça o Mc Donalds, antigamente referência para os turistas. Agora há um código na porta, que o segurança revela aos clientes. Por isso mesmo, use sem hesitar os banheiros públicos na rua. São superconfiáveis e limpos. Gratuitos, você tem 20 minutos para fazer o que bem entender, antes que a porta se abra automaticamente. Depois de resolvidas as necessidades. O problema é que a descarga é acionada e nada acontece. É possível optar por mais fluxo ou menos fluxo, mas nada é acionado. Uma voz até avisa que você pode mudar a sua opção pelo bem do planeta, e nada acontece. Na verdade, os banheiros se fecham automaticamente depois que você sai e aí, sim começa a limpeza marcada com muita ou pouca água. Além disso, tem pia com sabonete, água e papel toalha, um luxo. Se você quiser se divertir no quesito banheiro vá ao restaurante Le Petit Fer a Cheval, no Marais (30 Rue Vieille-du-Temple, 75004), onde a comida é boa, mas o banheiro, assustadoramente divertido, todo de metal, com um buraco no meio. Alguém me contou que é uma homenagem ao Nautilus, de *Vinte mil léguas submarinas*, e que Phillipe Stark, o célebre design, acha o máximo. Adoro o restaurante. O banheiro, eu passo!

Point WC
www.pointwc.com

NA NATUREZA

Num dia de sol não deixe de ir passear no Promenade Plantée ou Coulée Verte, como os franceses conhecem o parque montado em uma antiga ferrovia, desativada no final dos anos 60. O trajeto tem várias entradas e saídas, pois começa na Bastille e acaba no Bois de Vincennes, ou seja, passa praticamente por todo o 12° arrondissiment. São 4,7 quilômetros e você pode caminhar, correr, fotografar, comer — coisa que os franceses não abrem mão e o fazem em qualquer lugar — e ver a cidade de cima o tempo todo. O trajeto que sugiro começa na Bastille mesmo. De frente para a Ópera Bastille siga o tempo todo à direita e em 300 metros vai dar no Viaduc des Arts — um local que reúne os mais diversos artesãos de luxo, suba as escadas e estará no Promenade. Aí é só seguir em frente e descer quando quiser.

Promenade Plantée
www.promenade-plantee.org/
83 Avenue Daumesnil 75012

NAS MANIFESTAÇÕES

Todo dia há uma manifestação em Paris. Enormes, como a contrária ao casamento gay, que reuniu milhares de católicos; ou específicas, contra companhias aéreas que transportavam animais para testes de laboratório e juntou no máximo uma dúzia de pessoas com megafones e cartazes. Todas são respeitadas pela população, que acha muito justo que as pessoas reivindiquem — a base da sociedade francesa — e pela polícia, que fecha as ruas e permanece atenta protegendo os manifestantes. De vez em quando dá confusão, é normal, acham todos. Para turistas é uma atração. Para se assegurar que não vai ficar preso em um engarrafamento, consulte o aplicativo da RATP, que informa exatamente onde acontecerão as manifestações do dia. Vá a pé e veja como a democracia funciona.

NO MUNDO DO CINEMA

A Cinemateca Francesa é uma joia. Para os amantes do cinema, como eu, uma forma de viajar no tempo. Num lindo prédio de Frank Gehry você pode conhecer a história do cinema, através de instrumentos óticos, antigas câmeras, além de figurinos, cartazes e trechos de filme. Eu, que sou uma apaixonada por Marcel Carné, me deliciei vendo a sala dedicada a ele e seus filmes — dentre eles, o que mais amo, *Les Enfants du Paradis*, de 1945. Embora possa usar o audioguia, preferi percorrer em silêncio as salas, fazendo uma reverência aos mestres que nos deram o melhor dos divertimentos, que é o cinema. A entrada é 5 euros para a coleção permanente e 5 euros para as exposições. No térreo da Cinemateca há um pequeno restaurante: não almoce lá, é caro e a comida sem graça, mas o creme brulê é de comer rezando.

Cinémathèque Française
www.cinematheque.fr/
51 Rue de Bercy 75012

NO CINEMA

Sempre quis um manual de bom comportamento no cinema no Brasil, que seria mais ou menos assim: celular precisa ficar desligado, não somente no mudo, porque as cadeiras estremecem quando só vibra e joga luz na cara dos outros quando aberto; comentários, só em casa; não levar crianças de dois anos para ver filmes proibidos para menores de 45; e por aí vai. Em Paris, este manual não escrito, está na cabeça de todos. Resolvi então fazer um minimanual para o brasileiro (que não é você, é claro, mas sempre deve ter alguém que conheça que é assim pentelho) ir ao cinema em Paris.

Você compra o bilhete em um balcão simples, sem guaritas, vidros à prova de bala e microfone, e aguarda, normalmente fora da sala na fila correspondente ao filme que vai ver. Pode estar frio, chovendo, ou a fila pode ficar no meio de uma rua pequena que é necessário que todos se afastem quando passa um carro. Tudo bem, todos aguardam pacientemente a hora de entrar, uns cinco minutos antes de o filme começar.

Se entender bem francês pode ver os filmes franceses ou os em VF (versão francesa, o que significa dublado). Se você engatinha, dê preferencia aos filmes VO (versão original), que têm legendas em francês. É bom, inclusive, para treinar a língua. Mas você precisa entender bem o idioma, sendo assim, provavelmente vai fugir dos filmes chineses, para que o tico e o teco não se desesperem.

Você pode chegar atrasado. Eles passam pelo menos 20 minutos de trailers e comerciais. Chato. Se faz uma sessão dupla acaba vendo as mesmas coisas.

Não sente, somente se absolutamente necessário, na cadeira que está cheia de casacos. A primeira coisa que se faz ao entrar no cinema no frio é tirar a montanha de roupa e jogar ao lado, por causa da sempre forte calefação. Eu fiz a fina e fiquei com o meu no colo.

Não compre a pipoca na entrada. Além de ela parecer ter sido feita no século passado, ninguém come nada no cinema. Eu comi umas balinhas quase escondida, como se estivesse usando substâncias ilícitas, e em completo silêncio.

Não faça comentários de qualquer espécie. O silêncio é sepulcral, como eu gosto, e respeitoso como deve ser com a sétima arte.

Se não gostar do filme e quiser sair no meio (eu fiz isso) faça-o discretamente, quase rastejando para não atrapalhar os outros. Ninguém tem o direito de encher o saco do outro é lei no cinema.

Não se levante apressadamente quando o filme acaba. As pessoas gostam de ler os créditos. Afinal, francês adora um debate e precisa saber que em é o best boy 4 (o faz-tudo) do filme.

Se possível se reúna com amigos, se os tiver, e discuta horas sobre o filme com vinho e queijo. Mais vinho do que queijo.

Não grite ao entrar no banheiro. Normalmente eles são para ambos os sexos e a as privadas são com portas, mas o lugar dos homens fazerem pipi (como se chama?) são completamente abertos. Você abre a porta e dá um passo atrás. Mas siga em frente. Coragem. Não vai ver nada demais. Ou que não tenha já visto.

Se ficar por uma temporada mais longa compre um cartão fidelidade e pagará bem menos pelo ingresso, que custa aproximadamente 10 euros.

Respeitadas estas normas, vá sempre ao cinema. A melhor diversão em Paris, no Rio e em Bombaim. Há muitos na Cidade Luz, desde as grandes cadeias como UCG, Gaumont e MK2, até cinemas menores que misturam a programação blockbuster com clássicos — o meu preferido é o L'Arlequin, na Rue des Rennes, 76.

UCG
www.ugc.fr/

Gaumont
http://goo.gl/pl802O

MK2
www.mk2.com

L' Arlequin
http://cine-arlequin.com/

NA ÓPERA

A melhor opção para conhecer a Opéra National de Paris, o Palácio Garnier, fundado em 1866, é comprando bilhete com muita antecedência para ver um espetáculo. São inúmeros de ópera, concertos e balés. E você pode fazer isso antes de viajar, pela internet. Mas se não conseguir agendar nada, o que é uma pena, faça a visita ao local. Custa 10 euros, basta chegar lá, comprar o *ticket* e entrar. Não é uma visita guiada, com maiores explicações. Basta pegar um folheto e desfrutar a beleza do lugar. Aprecie especialmente O Grande Foyer, "restaurado em 2004, para assemelhar-se à galeria de um palácio clássico. Os espelhos e janelas acentuam suas vastas dimensões. O magnífico teto pintado por Paul Baudry retrata temas da história da música. A lira, o elemento decorativo dominante, encontra-se em vários locais, como as grelhas das lareiras e nas maçanetas". Na Opéra Bastille, uma sala de espetáculos moderna, é mais fácil encontrar bilhetes em cima da hora, e também toda a programação pode ser acessada através do mesmo site, assim como a compra de ingressos.

Ópera de Paris
http://www.operadeparis.fr/

NA MORAL

Esta dica não gostaria de dar, mas ela é necessária. A dança me levou a lugares que você iria duvidar. Eu estive em diversos bairros em Paris, alguns bairros da periferia; ultrapassei algumas Portas, que delimitam a cidade; fui a zonas mais industriais que ficam vazias nos finais de semana, e pude ver o que se vê em todo o mundo, seja no Bronx ou na Pavuna, jovens marrentos, com moletons largos, capuz na cabeça, inofensivos. Ninguém tem medo deles, o ônibus permanece cheio, e, embora até tenha tido certa paranoia (sou carioca!), vi que era puro preconceito. E contra o preconceito só resta lutar. Mas, perigo mesmo, existe nas zonas mais turísticas. Não à toa que até os seguranças do Louvre fizeram um dia de protesto por causa dos batedores de carteiras e celulares — normalmente meninas. E meu genro sentiu de perto este problema: foi furtado no seu primeiro dia em Paris, bem na saída do metrô Louvre-Palais Royal por três jovens, que levaram a sua carteira em um piscar de olhos. Por isso mesmo, homens, carreguem suas carteiras no bolso da frente; mulheres, usem bolsa lateral, e mantenham-na virada para a sua frente. Fora os furtos, há os golpes: ignore solenemente uma joia caída na rua, pois sempre haverá alguém que se aproxima para criar o ambiente perfeito para ser roubado. E fuja dos grupos de falsos surdos e mudos — com uma prancheta na mão, eles cercam-no e dizem que precisam somente de uma assinatura, depois pedem dinheiro, se você dá 10, eles dizem que o mínimo é 20. E envolvem-no e levam a sua bolsa. E pior, eles falam e ouvem. Ainda têm a cara de pau de perguntar se você fala inglês. Fui cercada três vezes e saí aos gritos dizendo NON, NON, NON. Eles pensaram que eu era uma francesa enfurecida e se afastaram. O golpe é velho, já foi contado em vários blogues, mas não custa repetir. Fiquem espertos. E fortes. Ou então, levem uma prancheta e peçam para eles assinarem para os reais surdos- mudos. Será que dá certo?

NA ESTRADA

Esta dica é para quem vai se aventurar pelas estradas francesas, o que altamente recomendo. Como a minha lógica ilógica é se perder para se achar, nada melhor do que fazer um trajeto de carro. A França tem estrada para qualquer biboca. Por menor que seja a cidade você sempre vai poder chegar nela pelas estradas A (autoestradas maravilhosas com limite de 130 km/h com segurança), pelas N (as estradas nacionais) e as D (as que mais gosto, as departamentais, que vão passando pelas cidadezinhas). Sempre haverá uma delas e, se você se perder, relaxa, alguma opção aparecerá alguns quilômetros depois. Relaxa mesmo. Não se preocupe, por exemplo, quando pegar uma estrada A para Lyon, verá uma placa, seguirá na direção mas, como por mágica, por centenas de quilômetros não haverá mais o nome Lyon. Quando estiver perto, a placa reaparecerá. Ufa! Uma sugestão pessoal: escolha o trajeto de ida ou de volta para pegar autoroute, a outra faça pelas departamentais. E melhor, assim que vir uma plaquinha de *monument historique*, siga na direção dela. Foi assim que vi as coisas mais maravilhosas na França, como a Abadia de Fontenay. Desvie, se perca e ache. E não se esqueça do GPS, porque sair das cidades é complicado quando elas são grandes. Depois, é só prazer e pode desligar o navegador exatamente para poder ir sem rumo definido.

NA PROVENCE

Numa linda casa antiga, em Pont Saint-Esprit, Aline Fromange, a mais carioca das parisienses, e Sylvie Fabrol montaram a pousada Le Mas des Îles. Mas significa *maison*, casa, em provençal; des Îles, porque reza a lenda que, quando o Rio Rhône sobe muito, a região vira uma ilha. Eu, se fosse você, alugava um carro, ia para Le Mar des Îles onde o sol, a degustação de vinhos (é a região do Côtes du Rhône e do Châteneuf-du-Pape), a boa comida, as cerejas, os kiwis, as peras, os maravilhosos passeios de carro, a pé, de bicicleta e a acolhida das duas lhe esperam. As duas amam o Brasil, falam português e são fãs de Chico Buarque e Paulinho da Viola. Se virar ilha, melhor ainda.

Le Mas des Îles
www.provence-mas-des-iles.com

Chemin des Îles
Pont Saint-Esprit 30130

NA DISNEY

Eu sou democrática e você pode conferir quão chata eu sou indo à Disneyland Paris, mesmo depois de ler este livro. Como sou boa em alguma parte do meu ser, seguem os meus conselhos:

Se estiver com criança em Paris e ela sapatear leve-a na Disney, mas jamais se hospede no Newport Bay Club.

Se for para o Newport, porque é teimoso, leve provisões: pão, queijo, o leite da criança, biscoitos e por aí vai. Senão vai acabar comendo a orelha do Mickey. Esqueci de dizer: o café da manhã incluído na diária é de 7 às 8h15.

Leve remédios, não existe farmácia nas redondezas, aliás, nem existe redondezas.

Se você está na Disney e vai ao La Valée pegue o trem e em duas estações estará lá. Se for somente ao *outlet*, pegue um transfer Paris/*Outlet*/Paris. Foi o único meio de transporte que vi para sair de lá. Ou vá de carro. É o único big shopping do mundo sem táxi, nem em Caicó isso acontece. É claro que os mais otimistas do que eu dirão: tem o trem. Tem sim, mas só se você não for comprar muito, porque trem e sacolas combinam bem pouco.

Mas o melhor conselho é o derradeiro, se quiser ir a Disney e/ou a um *outlet* compre uma passagem para os Estados Unidos e não se fala mais nisso. Mas não me leve. Eu fico por aqui mesmo, em Paris.

Disneyland Paris
www.disneylandparis.com

La Valée Village
www.lavalleevillage.com/

NO TREM

Claro que o TGV, o trem-bala francês é o máximo, mas é bem caro se o bilhete não for comprado com antecedência. Eu, por exemplo, paguei um mês antes 230 euros por uma passagem ida e volta Paris-Avignon. Minha amiga que comprou três meses adiantados pagou 50 euros. Organize-se muito antes e tenha paciência com o site da francesa SNCF: ele é lento, difícil de navegar, toca uma música insuportável, que se consegue colocar no off apenas alguns segundos e, pior de tudo, depois que você faz tudo, compra, coloca o seu número do cartão, por vezes, o site não finaliza e não deixa que se entre de novo no site. Aconteceu quando fui para Bruges, e fiquei sem saber se a reserva tinha sido aceita e meu cartão, debitado. Mandar e-mail depois, porém, a SNCF sabe. Se for a Bruges, por exemplo, a minha sugestão é que a compra seja feita na Thalys, que viaja na França, Bélgica, Holanda e Alemanha. E, é claro, se for para Londres, acesse o site do Eurostar. Outra dica ferroviária: nas viagens pela França não se esqueça de colocar e retirar o seu *ticket* (*compostez le billet*) nas máquinas amarelas que ficam na entrada das plataformas. Sem isso, será multado se houver checagem dentro do trem.

SNCF
www.sncf.com

THALYS
http://www.thalys.com/

EUROSTAR
http://www.eurostar.com/

NA PARIS PARA CRIANÇAS

Há quem pense que estar em Paris significa entrar e sair de igrejas e museus e de noite comer em restaurante estrelado. O que seria, convenhamos, uma chatice para crianças. E aí, vão à Paris Disneyland. Não precisa: Paris tem parques lindos e enormes repletos de atrações, como o Buttes-Chaumont e o de Bercy; museus espetaculares voltados para a criançada. Um deles é o Museu Nacional de História Natural de Paris. Não é espetaculoso como o de

Nova York, nem majestoso (e divertido) como o de Londres, mas é sempre um prazer para adultos e crianças visitá-lo. O museu formalmente foi fundado em 10 de junho de1793, durante a Revolução Francesa. Sua origem encontra-se no "Jardim real das plantas medicinais", criado por Luís XIII, em 1635, dirigido e administrado pelos médicos da realeza. Em 31 de março de 1718, por proclamação do jovem rei Luís XV, foi mudada a sua função médica, transformando-se num jardim voltado para a história natural. Centro de pesquisa e formação, o Museu Nacional de História Natural é também um grande divertimento, especialmente a Galerie des Enfants, uma experiência interativa sobre o planeta, o Jardim de Plantas e um pequeno Zoo. Outras indicações seguras de quem entende do assunto: o Palais de la Découverte e a Cité des Sciences e d l'Industrie. Inaugurado em 1937, em um anexo de 25 mil metros quadrados do Grand Palais, o Palais de la Découverte em sua primeira exposição recebeu em seis meses mais de 2 milhões de visitantes. E durante os anos seguintes e até hoje é uma referência nos museus de ciência do mundo. Astronomia, química, geociências, matemática, física são apresentadas de maneira lúdica e interativa. As crianças amam. Assim como adoram a Cité de Sciences e de l'Industrie, especialmente os dois espaços dedicados às crianças de 2 a 7 anos e de 7 a 12 anos. Meus netos Luiza e Davi, quando moraram na França, tinham até um passe especial, tanto que gostavam de ir lá. O preço médio é 8 euros. Se o programa é ideal para os infantes, é também um programão para os adultos. Quem não gosta de se divertir?

Museu Nacional de História Natural
www.mnhn.fr/le-museum/
57 Rue Cuvier, 75005

Palais de la Découverte
www.palais-decouverte.fr/index.php
Avenue Franklin Delano Roosevelt 75008

Cité des Sciences e de L'industrie
www.cite-sciences.fr
30, avenue Corentin-Cariou 75019

NO LOUVRE

A melhor maneira de visitar o Louvre é comprar o ingresso antecipadamente nas lojas da FNAC. Com ele na mão, você não enfrenta as filas gigantescas na entrada, porque entra em uma especial. E não precisa esperar também no balcão de venda de entradas. Entre direto, pegue um mapa, escolha o que deseja ver e seja feliz fora da sala da Mona Lisa. Se realmente quiser saber o que acontece lá, veja o vídeo que gravei e que está no You Tube no seguinte link: www.youtube.com/watch?feature=player_embedded&v=pTKXZnrPduA

Uma nota especial para os meus coleguinhas de profissão: jornalista não paga museus, basta apresentar a carteirinha do sindicato, por exemplo, ou a carteira internacional da profissão. Eles olham, sorriam e dão passe livre. Em alguns museus nem precisa pegar *ticket*, entra direto, como no Louvre, e não pega fila alguma. Nas Catacumbas, jornalista não paga, mas precisa enfrentar a multidão que se enfileira para entrar. Lá não fui.

Louvre
www.louvre.fr/

FNAC
www.fnac.com/

NA LEVEZA

Quando vier a Paris, traga a sua mala mais velha, jogue-a fora e compre uma na Lipault. As malas são as mais leves possíveis, em cores lindas e em formatos adequados para qualquer tipo de viagem. Há malas molengas e as duras de fibra de carbono, que prefiro, dos três tamanhos, malinhas e mochilas para computador, nécessaires, enfim tudo para fazer a sua viagem mais linda e leve, o que é fundamental depois de, digamos, três dias. A loja Lipault é espetacular e as opções mais variadas, mas a marca pode ser encontrada também nos grandes magazines e lojas de viagem.

Lipault
www.lipault.com
123 Rue de Rennes 123 75006

NA IMAGEM

Se você não é um profissional, um amador talentoso ou japonês esqueça em casa a máquina fotográfica cheia de lentes e recursos. Depois do segundo dia de tantas andanças essas máquinas poderosas costumam encontrar um destino certo, a primeira prateleira que o dono encontra. São pesadas demais, ocupam espaço na mochila e precisam ser cuidadas com toda a atenção para não serem surrupiadas. Passei toda a minha temporada com um companheiro fiel e perfeito: um Samsung Galaxy Note, aquele celular grandão, que tem uma tela genial e faz fotos lindas com uma rapidez espantosa. E é perfeita para o disfarce, basta fingir que está passando um e-mail e levanta a câmera rapidinho e, pronto, consegue o flagrante. Sem contar que pode postar imediatamente o que fotografou, só precisa ter um carregador e, ainda por cima, pode falar com as pessoas pelo telefone. Para mim, foram fundamentais: o meu celular, o meu notebook Sony Vaio e o meu Kindle.

Samsung França
www.samsung.fr

NA FARMÁCIA

Em Paris convivem no mesmo espaço a *pharmacie* e a *parapharmacie*. Na *pharmacie* estão os farmacêuticos que orientam os clientes em medicamentos simples, ou seja, a melhor pomada para uma queimadura; o analgésico para a dor de cabeça, enfim, dão o primeiro atendimento às pessoas. É na *pharmacie*, ainda, que são vendidos os remédios prescritos pelos médicos. Na *paraphamarcie* se encontra todo o resto: cremes, xampus, óleos, espuma para banho, alicate de unha, esmalte, tudo o que é absolutamente necessário para as mulheres. Os preços variam muito e a Pharmacie Monge, na Place Monge, é considerada a melhor de Paris para a compra de cosméticos. E eles fazem jus à fama colocando vendedores que falam coreano — os maiores consumidores —, português — os brasileiros estão na disputa corpo a corpo —, além de turco, inglês, espanhol e italiano. Prepare-se, porém, para a loucura que é lá, porque sempre está lotadíssima. Minha sugestão: vá cedo pela manhã.

Pharmacie Monge
https://pharmaciemonge.pharminfo.fr/
74 Rue Monge 75005

NA ÓTICA

Se você usa óculos, prepare seu coração para as lindas armações que vai encontrar em Paris. Os franceses adoram usar óculos — vai ver porque o clima é seco ou eles acham charmoso, assim como eu que não cheguei nem na lente, o que dirá na operação. Há muitos anos, quando não havia nada bonito no Rio, comecei a comprar óculos em Paris. Muitas vezes fui parada nas ruas e as pessoas me perguntavam de onde eram os meus óculos. Eu, constrangida, respondia: Paris. Hoje existem boas óticas no Brasil, mas para mim nada se compara a Alain Mikli, considerado o maior estilista de óculos da França. Para mim é uma tradição comprar lá, mesmo que tenha feito corpo mole alguns anos por causa da entrada do euro, que encareceu tudo. Há Miklis por toda a parte, em todas as boas lojas do ramo se encontra uma armação assinada por ele, normalmente da linha Mikli par

Mikli. Mas o lugar para ver o melhor de Alain Mikli é a boutique que leva o seu nome no Marais, exatamente na Rue de Rosiers. Não é barato comprar lá, mas vai levar um modelo praticamente exclusivo, que ninguém tem no Brasil (mesmo que a marca seja vendida no Brasil nas óticas de luxo). Eu comprei um gatinho (em Paris, *papillon* — borboleta) que vi no rosto da linda e simpática vendedora Lucie e na mesma hora, decretei: "quero este". E estou muito feliz. Em tempo: fazer as lentes em Paris é muito caro, as multifocais custam em média 250 euros por cada lente. Mas Lucie, com seu charme, me convenceu em poucos minutos. E já que estará mesmo na Rue de Rosiers desfrute das delícias judaicas — o Marais é o bairro judeu e também o bairro gay, uma engraçada combinação — como *falafel*, *gelfite fish* e outras gostosuras e travessuras. Faz parte.

Alain Mikli Shop
www.mikli.com
1 Rue de Rosiers 75004

NO MÉDICO

Quando precisar marcar um médico, um dentista, um osteopata saiba que não tem ninguém no consultório esperando o paciente ligar. Na porta haverá uma placa com o número do celular, você liga e marca um *rendez-vouz*, um encontro. Minha amiga AL, que mora na Alemanha, ficou impressionada: "Aqui também não tem atendente, mas os médicos ficam no consultório esperando". Mas aqui eles precisam comer, beber, ir aos museus.

E se o assunto é saúde, saiba:

Se você se sentir mal em casa pode ligar para 01 47 07 77 77, o SOS Médecins e eles mandam um especialista na sua casa. Preços módicos.

Se o bicho pegar, ligue para o SAMU pelo número 15 e eles decidirão se é caso de internação.

Os preços variam muito, começando em 28 euros. Na minha experiência, paguei 90 euros, reembolsáveis pelo meu seguro, por uma consulta, um pequeno procedimento de retirada de um quisto e ainda três curativos; uma sessão de osteopatia custou 60 euros e no podólogo, 45 euros; a palmilha milagrosa, 100 euros.

Melhor de tudo, tenha um plano de saúde comprado no Brasil em empresas confiáveis, como a Coris, uma empresa de origem francesa, que é parceira do 100 dias. E se não simpatizar com o profissional recomendado, procure outro e receba o reembolso.

Coris Brasil
www.corisassistencia.com.br/

NO SEXSHOP

Passage du Desir é um sexshop chique, elegante e de portas abertas para a rua (é verdade que os enormes apetrechos em formato de banana e o famoso Rabbit ficam mais no fundo, mas nem por isso menos visíveis). Eles preferem ser conhecidos como loveshop, o que dá no mesmo. Ninguém fica com vergonha de entrar, passear, palpitar olhar uma algema aqui, um vibrador para carregar na bolsa acolá. Os vendedores dão instruções de funcionamento e prender o riso é deveras polido, mas há quem não aguente. O risinho é meio nervoso, para falar a verdade. Sempre tive um pouco de receio de entrar nas lojas fechadas, que fazem tudo parecer crime, mas na Passage du Desir me senti em casa. É uma loja divertidamente sexy, deliciosamente ridícula e caprichosamente sedutora desde o nome. Peça, porém, que a caixa seja aberta e o utensílio seja ligado. Conheço alguém que comprou um patinho, um minivibrador que não "entrega" ninguém, chegou ao Brasil e o bichinho se recusou a funcionar. Agora ele, singelo, mora na banheira.

Passage du Desir
www.passagedudesir.fr
22 Rue du Pont Neuf 75001, 11 Rue Saint Martin 75004, 23 Rue Ste Croix de la Bretonnerie 75004 (minha predileta), 17 Rue Pierre Lescot 75001

NO SEXO

As *cocottes* como no passado podem ter desaparecido, mas o sexo ainda tem seu poder em Paris. Paris é uma cidade feminina — afirmam alguns. E por isto mesmo extremamente sexy. E posso imaginar que a língua francesa é perfeita para isso. Sedutora, macia, que entra como música nos ouvidos. *Chèrie* não é mais meigo do que querida? *Amour* é mais doce que amor? *Voulez* do que querer? E paro por aqui, porque este livro não é proibido para menores de 18 anos. O que achei mais divertido e confirma a minha explanação é que na *Pariscope*, a revista semanal, que fala de espetáculos, cinemas, exposições há uma parte somente dedicada ao sexo. Começa com *bars* (bares), depois *rencontres* (encontros), *clubs libertins* (clubes libertinos) para finalizar com *spetacles erotiques* (espetáculos eróticos). Cada um sabe o que gosta em Paris. Achei bem bacana a liberdade de encontrar em uma revista detalhes sobre este tipo de espetáculo e de encontros. Às claras e com respeito. E muito mais charmoso do que aqueles anúncios no jornal "jovem universitária". Dizem que DSK foi acusado, o que contribuiu bastante para a sua derrocada, além da camareira norte-americana, de ser frequentador de uma das casas de swing mais luxuosas de Paris, a Les Chandelles. Acho que essa é tão *privé* que não está no *Pariscope*. E vamos lá. Começa, assim, bem fofo em bares:

La Désirée Clary
Bar, mesa, dança. Acolhida calorosa em um ambiente amigável.
16 Rue Daunou 75002

Fica mais forte em encontros, quase todos na Avenida Kleber, bem no Arco do Triunfo, lugar de altos executivos e turistas endinheirados:

Cruella
Dominação soft cerebral ou física. O senhor que é líder na vida ativa, venha conhecer os prazeres da submissão. Nível sociocultural exigido (será que eles fazem uma prova antes de deixar o cidadão sob o chicote?).
70 Avenue Kleber 75016

O bicho pega em clubes libertinos, quase todos em saunas, para homens, mulheres ou casais:

La Caverne de Vénus
A equipe vos oferece uma deliciosa caverna mista (parece nome de sanduíche), amigável (não sei se amigável é bem o termo) e de troca com um bar, salão de relaxamento, sauna e hamman. Mulheres sós são convidadas de tarde e de noite (detalhe).
114 Avenue André Morizet, 92100 Boulogne-Billancourt

E chegamos aos espetáculos eróticos e o grande destaque é...

Au Chochotte
(desculpe, mas é piada pronta)
O teatro erótico e chique do Quartier Latin. Num local luxuoso e discreto, lindas mulheres muito bem-vestidas ou sem roupa (sutil) e mais dois pequenos teatros privados. Ambiente climatizado (é certamente por isso que as pessoas vão).
34 Rue Saint Andre des Arts 75006

NA RUA

A melhor coisa para fazer em Paris é flanar. Foram eles que inventaram o verbo, e, sem dúvida, é o que mais se encaixa com a cidade. Paris é um imenso caracol, entrecortada de grandes diagonais. O que parece longe nem sempre é. Quando você anda muito a pé ou mesmo de ônibus descobre que a cidade não é tão grande quanto o metrô dá a falsa impressão. Meus passeios prediletos: Île Saint Louis, Marais, Jardim de Luxemburgo e beira do Sena, até onde a vista alcançava e os pés aguentavam. Passei muitas vezes por esses lugares e sempre sonhei com a próxima vez que iria voltar. Ao atravessar a rua, vá tranquila e não se assuste porque alguns carros e motos, especialmente os que dobram na rua, passam atrás ou na sua frente. É proibido, mas eles fazem. Nas faixas sem sinal, atravesse sem hesitar. Quando se fica no vou-não vou o motorista fica em dúvida. E não se preocupe, nas calçadas sempre haverá um parisiense apressado, que dirá *pardon* e passará correndo.

EU FUI, NINGUÉM ME CONTOU

Coiffirst Paris
meu salão predileto
www.coiffirst.com/index_fr.php

Osteopata
perfeita
Charlotte Dowma
06 65 68 98 09

Podólogo
mago
Alexandre Dowma
01 43 396 90 29

Academias de Dança
amo todas

- **Centre de Danse Massaro**
43 rue Gabriel Péri Chartres
http://goo.gl/ynTMy9

- **Studio Massaro**
290 Boulevard Voltaire 75012
http://www.studio-massaro.fr/

- **Studio Diabolo**
46 Avenue Fontainebleau 94270, Le Kremlin Bicêtre
http://www.studiodiabolo.fr/

Disney
para quem gosta
Disneyland Paris
www.disneylandparis.com

Outlet
para quem gosta
La Vallee Village
www.lavalleevillage.com

Châtelet Teatro Musical de Paris
bons espetáculos
http://chatelet-theatre.com

Les George
restaurante caro e charmoso
www.beaumarly.com/georges/accueil

Nemrod
a melhor batata frita
www.lenemrod.com

Al Caratelo
um excelente italiano
www.caratello.fr/

Il Pescatore
pizza de verdade
www.pescatoreparis.com

La Bastide Odeón
menu honesto e um mil-folhas espetacular
www.bastideodeon.com

Le Relais de Venise
o primeiro e melhor filé, batatas fritas e molho com estragão
http://www.relaisdevenise.com/

Camille
uma boa *brasserie* no Marais
24, Rue des Franc Bourgeois 75004

L'avant Première
comida honesta em ambiente gostoso
9, Rue des Petits Champs 75001

La Tête à Toto
decoração divertida, comida gostosa
270, Rue du Faubourg Saint Antoine 75012

Mariage Frères
perfeito chá
www.mariagefreres.com

Maison des Trois Thés
cerimônia do chá
www.troisthes.com

Dalloyau
doces divinos, *macarons* infernais
www.dalloyau.fr

Michel Cluizel
um *chocolatier* de respeito
www.cluizel.com

Sacha Finkelsztajn
comida judaica deliciosa no Marais
www.laboutiquejaune.com

La Grande Epicerie de Paris – Au Bon Marché
tudo em matéria de comida
www.lagrandeepicerie.com/

Marché D'Aligre
carnes, verduras, embutidos para fazer a festa
http://marchedaligre.free.fr/

Sushiko
restaurante japonês a preços módicos
64, Rue Mouffetard 75005

Sushi Shop
sushi com grife a domicílio
http://www.sushishop.fr/

La Soleiade
na Provence
www.restaurant-la-soleiade.com

Gentle Gourmet Café
para vegans
www.gentlegourmetcafe.com

Nature et Decouvertes
uma loja original e zen
www.natureetdecouvertes.com

Fleux
a loja perfeita para a sua casa transada
http://www.fleux.com

Dobdeck
réplicas *art-nouveau* e *déco* deslumbrantes
www.dobdeck.fr

Change du Pantheon
para trocar reais
www.changedupantheon.fr

Diwali
lenços, *bijoux*, tudo oriental
www.diwali-paris.com

Autolib
carro elétrico para alugar
http://www.autolib.fr/autolib/

Velib
bicicleta para alugar
http://www.velib.paris.fr/

Maison Européenne de la Photographie
imperdível
http://www.mep-fr.org/

Instituto do Mundo Árabe
belas exposições e belo acervo
http://www.imarabe.org/

Pinacothèque de Paris
encantadora
http://www.pinacotheque.com/

Village Saint Paul
quarteirão dos antiquários
http://www.levillagesaintpaul.com/topic/index.html

Catedral de Chartres
é preciso ir
http://www.cathedrale-chartres.org/

Esta obra foi produzida pela Memória Visual
e Ímã Editorial na primavera de 2013.
O miolo foi impresso em papel Pólen bold 90 g/m²
usando as fontes TheSerif, TheSans e Novecento.